For a business leader A guide to facilitation.

［ビジネスリーダーのための］

ファシリテーション入門

久保田康司
Yasushi Kubota

同文舘出版

はじめに

私が、会議やプロジェクトに問題意識を持つようになったのは、ユニバーサル・スタジオ・ジャパンの運営会社である株式会社ユー・エス・ジェイに勤めはじめたときからです。アメリカの大型テーマパークが日本で開業するとあって、世間の注目度も高く、さまざまな一流企業から多くの優秀な社員が転職してきました。何もないところから、開業までに決めるべきことは山のようにありました。会議を開いてもさまざまな要因が絡み合い、結論に至るまで相当苦労をしました。

その後、コンサルティング会社に転職して、人材育成の仕事をする中で〝ファシリテーション〟と出会ったのですが、もっと早く出会っていれば、ユー・エス・ジェイでさらによい仕事ができたに違いないと悔しい思いをしたものです。それから公開講座や企業研修を通じて、多くの人にこのすばらしい考え方を知ってもらいたいと思うようになったのです。

ファシリテーションについては、すでにすばらしい書籍が何冊も出ています。そんな中で私が今回、ファシリテーションの本を書きたいと思ったのは、これまでにない初心者にもわかりやすい入門書を出版したいという思いからでした。

これまで私は、ファシリテーションの研修講師を数多く担当してきました。しかし公開セミナーや企業研修では、会社側から指示されて参加する人が大半を占めています。そうした経緯で参加した人は、多少なりとも「やらされ感」を抱いています。そのような人がファシリテーションの研修を受講すると、「むずかしい」という印象だけを持って帰ることもあります。

ビジネス・スキルに関する書籍を購入する人は、仕事に対して問題意識を持っていたり、スキルアップを目指している人が多いでしょう。そのような人であれば、ファシリテーションについても、既存の書籍で十分役に立つと思います。私はそういう人だけではなく、会社の教育の一環として必要に迫られて学ぶ人にとってもわかりやすい本を書きたかったのです。そのため、この本はファシリテーションを「初めて学ぶ」人を対象にしています。また、過去にファシリテーションを学んだけれど、「むずかしい」という印象を持たれた人にも読んでいただきたいと思います。

本書の中には、ファシリテーションのイメージを描きやすくするために、随所に会議の事例が入っています。とくに1章と12章は会議のシーンやプロジェクトのストーリーが中心となっています。本書を通じて、少しでも多くの人にファシリテーションについて知っていただき、ファシリテーションのスキルとマインドを身につけることでキャリアのプラスになれば、筆者としてこれ以上うれしいことはありません。

本書を執筆する機会をくださった箱田忠昭先生、本書が完成するまで叱咤激励していただいた、同文舘出版株式会社の古市達彦ビジネス書編集部部長には心から御礼申し上げます。

２０１２年４月

久保田康司

ビジネスリーダーのためのファシリテーション入門　◉もくじ

はじめに

1章　そんな会議はやめてしまえ！

1　むだな会議　10
2　データに見る、むだな会議に振り回される私たち　19
3　時間のむだ遣いは人生のむだ遣い　21
4　あるべき会議の姿――むだな会議のビフォー&アフター　22

2章　ファシリテーションとは何か

1　会議の救世主！　ファシリテーション　34
2　ファシリテーターとは何をする人？　35
3　ファシリテーションが注目される背景　40

4 ファシリテーターの3段階のスキルレベル 43
5 ファシリテーションとリーダーシップの関係 45

3章 ファシリテーターの具体的な役割

1 メンバー全員を共通の目標に向かわせる 50
2 中立な立場であること 54
3 チームのプロセスを管理する 55

4章 会議前のファシリテーション・ステップ

1 目的の設定と参加者の決定で会議が決まる 68
2 細かい作業でもファシリテーターは手を抜かない 71
3 「会議のプロセス設計」で会議をデザインする 74
4 会議前の場づくりと進行の心得 76
5 参加者を巻き込む工夫 81

5章 会議中のファシリテーション・ステップ

1 まず、多くの発言を引き出す「意見出し」 86
2 議論を「見える化」する 89
3 議論をわかりやすくする「意見の整理」 92
4 「意見交換」と「議論の深掘り」をする 96
5 共通の目標に向かって「合意形成」をする 98

6章 会議後のファシリテーション・ステップ

1 決定事項の確認と今後の計画 104
2 議事録を作成・配布する 107
3 参加者への個別フォローを怠るな 109
4 参加者以外の関係者とコミュニケーションを取る 111
5 決定事項の実施状況を確認する 113
6 ファシリテーター自身へのフィードバック 115

7章
会議をコントロールするスキル

1 コミュニケーションをよくする「傾聴のスキル」 120
2 会議を進展させる「要約のスキル」 122
3 参加者を巻き込む「質問のスキル」 126
4 非言語メッセージを読み取るスキル 130
5 流れを引き戻す「介入のスキル」 132

8章
論理的に考えるファシリテーション・スキル

1 論理的な会議と論理的でない会議 136
2 帰納法と演繹法で主張を裏づける 141
3 MECE(ダブりなくモレなく)を念頭に考える 145
4 ロジックツリーで問題を整理する 148
5 ピラミッドストラクチャで問題を分類➡再構築する 150

9章
会議を「見える化」するスキル
1 なぜ議論の「見える化」が重要なのか 156
2 さまざまな「見える化」ツールが会議を活性化する 160
3 ファシリテーション・グラフィックを使いこなす 162
4 知っておくと便利なフレームワーク 165

10章
合意形成に導くファシリテーターのスキル
1 ファシリテーターが目指すべき合意形成とは 172
2 対立を恐れるな! 175
3 末端の現象で議論しても解決にはならない 178
4 合意形成に役立つツール 184

11章
どうしたらファシリテーション能力が身につくか

1 日常的に要約するクセをつける 192
2 人の表情から心の中を読み取る 193
3 気配り上手になる 194
4 大勢の人の前で話す機会を多く持つ 196
5 打たれ強く、忍耐強くなる 198
6 ファシリテーションの周辺知識を学ぶ 200
7 よい師に学ぶ 203

12章

ファシリテーションは組織運営の必須スキル

1 チーム・ファシリテーション――企業再生プロジェクト 208
2 プロジェクトメンバーを共通の方向へ向かわせる 212
3 プロジェクトチームのプロセスを管理する 215
4 組織のファシリテーター 221

DTP 春日井 恵実

1章

そんな会議はやめてしまえ！

1 むだな会議

みなさんは、会議についてどのようなイメージをお持ちでしょうか？　会議に対して、よい印象を持っている人は少ないのではないでしょうか。

「こんな忙しいときに、また会議かよ」「会議と言っても、部長の演説を聴くだけじゃないか」「また、あの部署と喧嘩がはじまるのかなあ」「誰も発言しないし、しらけた時間が続くだけだ」……いろいろな反応があると思いますが、会議が楽しいと言えるビジネスパーソンはあまりいないでしょう。

では、むだな会議にはどのようなものがあるでしょうか。代表的なものを見ていきましょう。

◉しらけた会議

総務部・石毛　それでは、月曜日の定例会議をはじめたいと思います。まずは、関係各部からの報告です。営業部の山本部長からお願いします。

営業部・山本　先週は積極的なセールスを実施しましたので、受注は好調でした。

総務部・石毛　続きまして、生産部の西村部長。お願いします。

生産部・西村　取引先の工場が火災に遭い、一部の部品の入荷が遅れています。

総務部・石毛　財務部の榎田部長からは何かありますか。
財務部・榎田　部品の入荷が遅れているってたいへんですね。
総務部・石毛　榎田部長、財務部からは他に何かありますか。
財務部・榎田　とくにありません。
総務部・石毛　人事部の宮本さんは何かありますか。
人事部・宮本　うちも、とくにありません。
総務部・石毛　企画部の笹尾部長はまだいらっしゃっていませんね。お忙しいのかな？……それではシステム開発部の原田さん、何かありますか。
システム開発部・原田　とくにないです。
総務部・石毛　他に何かありますか。
全員　……。
総務部・石毛　はい、その他とくになければ、これで終わります。

＊

みなさんの会社もこのようなしらけた会議を、定例という名の下に行なっていないでしょうか。これは典型的なマンネリ型のむだ会議です。

定例会議は、メンバーで共有すべき情報をシェアするなど、会議本来の「目的」を達成するために開催される「手段」です。しかしながら多くの定例会議は、いつの間にか開催すること自体が「目的」となってしまい、「手段」が「目的」化している形骸化した会議になっています。意味がないのなら開催しなければいいのですが、誰もそれを言い出すことができず、ダラダラと続いているのです。

◉上位者の発言ばかりで一方通行の例

山本部長　それでは、先月の実績について順番に報告してもらえるかな。
児玉　私は計画対比95％の達成で、若干ですが目標を下回りました。
山本部長　何が若干だ。未達は未達だ。あと5％が、なぜ達成できないんだ。
児玉　いいえ、必死にがんばって、何とか100％近い数値になったんですが。
山本部長　言い訳は無用だ。未達は未達だ。次、笹本。
笹本　……私は、計画対比65％と目標未達です……。
山本部長　笹本、君は先月も未達か。これで3ヶ月連続だぞ。今までの分も挽回しなければいけないのに、いったい何をやってるんだ。
笹本　量販店のハッピースマイルマートが、競合会社の安い商品に切り替えてしまいまして……。
山本部長　そんな言い訳は聴きたくないんだ。いったい何をやってたんだ。
笹本　え～っ、その～……。
山本部長　木下はどうなんだ。お前も前回の報告で未達だったな。

木下　あの〜、実は先月も未達なんです。
山本部長　未達っていったいどれくらいなんだ。数字で言え、数字で。
木下　計画比72％です。
山本部長　どいつもこいつも。いったいお前らは何をしてたんだ。売上げが未達というのは、遊んでいるのと一緒だ。そんな奴らに給料は出ないぞ。俺の若い頃はな、売上げが悪いと夜遅くまで新規開拓のアプローチをしていたぞ。いつも靴のかかとがすり減って、底に穴が開くほど歩き回ったもんだ。どいつもこいつも、本当に何をしてるんだ。

＊

これでは、完全に山本部長の独演会です。部長の立場で部下を怒鳴り散らすだけで、何ら前向きの解決になっていない最悪の会議です。

◉そもそも、何のための会議かわからない例

人事部・宮田　みなさん、本日はお忙しいところをお集まりいただきまして、ありがとうございます。商品部からの要望で、本日検討したいことがございます。菊池さん、お願いします。
商品部・菊池　今日は、みなさんに相談があって集まってもらいました。実はうちの部では今、新しい企画を考えているのですが、みなさんからも何か斬新なアイデアはないでしょうか。
営業部・佐々木　新しい企画もいいんですが、今の生産体制じゃあ、追加して商品はつくれない

でしょう。やっぱり、売れ筋商品を確実に生産することを考えたほうがいいと思いますよ。
財務部・林田　資金繰りの問題もあるから、あまり在庫ばかり増やしてもらってもなあ。
商品部・菊池　まあ、今日はアイデアレベルの話ですから、あまり硬く考えないでください。
マーケティング部・堀田　ここは一発ドーンと、宣伝でもやったらどうですか。
財務部・林田　宣伝って、広告代もかなり高いんですよ。ここは営業部にひと踏ん張りしてもらって、足で稼いでもらってはどうですか。
営業部・佐々木　今さらそんなことを言われても……。人員も不足しているし、営業マンを補充してもらえるなら、もっと余裕ができるんですが。
人事部・宮田　ちょっと待ってください。人を採用する余裕なんかないですよ。短期でよければ、派遣の人を採用することはできると思いますが。
営業部・佐々木　では、その方向で進めていきましょう。

＊

これこそ、何のための会議かわかりません。そもそも、関係各部のメンバーに集まってもらいながら、「何か斬新なアイデアはありますか」では肩透かしです。また、商品のアイデアについて話し合いをしたいにもかかわらず、最終的に営業部の人員補充を派遣で補う話題にすり替わっています。途中の議論も、みんな自分の言いたいことを言うだけで、あちこちに話題が飛んでいます。これは、会議とは言えない状態です。

◉すぐに紛糾する例

マーケティング部・大森　では、今度の販促キャンペーンについてですが……。

企画部・菊池　また販促か。この前にも販促をやったばかりじゃないか。そのときの効果は検証できているのか。

マーケティング部・大森　費用対効果の報告はきちんと提出しましたよ。

企画部・菊池　あんなものでは、報告になっていないだろう。

マーケティング部・大森　口を開けば文句ばかりで、それじゃあ、どうやって販売促進をすればいいのか、企画部としての考えはないのですか。いつも座ってパソコンを見ているばかりが仕事ではないでしょう。

企画部・菊池　何だと！　データを分析していろいろ考えているんだ。お前らこそ頭を使え、頭を。

マーケティング部・大森　何ですか、その言い方は。マーケティング部は頭を使っていないと言うんですか。企画部はまともに仕事をしてないくせに。

＊

このケースは会議ではなく2人の打ち合わせですが、これでは打ち合わせでなく、喧嘩です。お互いが言いたいことを言っているだけで、何ら進展は期待できません。

◉自分のことしか考えていない例

企画部・菊池 今度のキャンペーンの件ですが、既存のお客様に電話をして商品の説明をし、できればその場で注文にまで結びつけたいと思います。

運営部・三好 ちょっと待ってください。電話は誰がするんですか。うちの部のコールセンターは、すでに通常の業務で手いっぱいなんです。

企画部・菊池 それでは、営業部のアシスタントから何人か、コールセンター要員としてお願いできますか。

営業部・津屋 うちのアシスタントは営業マンの受注を入力し、出荷手配するだけで残業までしているんで、それ以上は困るなあ。キャンペーン期間中だけアルバイトを採用できないの?

人事部・安川 いや〜、アルバイトを採用しても、一から教育しなければならないでしょう。教育は誰がやってくれるのですか。コールセンターの主任にお願いできますか?

運営部・三好 教育は人事の仕事でしょう。うちじゃあ、できませんよ。

人事部・安川 そう言えば、営業部のアシスタントの三浦さんは電話応対がすばらしくて、得意先から評判でしたね。三浦さんに教育をお願いできないですか。

営業部・津屋 三浦は営業部のコアメンバーだから、営業の仕事に穴が開いてしまうのはちょっと……。教育はやはり人事の仕事でしょう。

企画部・菊池 このキャンペーンは社長の肝煎りなのに。じゃあ、いったい誰が電話をするんですか。

運営部・三好　そうだ、一度企画部のメンバーでコールセンターの仕事を経験するという意味で、電話での説明をやってみたらどうですか。現場のことを知るのも重要だと思いますよ。

企画部・菊池　……。

＊

これは、各部とも新しい仕事を増やしたくないという思いが前面に出て、自分のことしか考えていない典型例です。社長の肝煎りで会社としてやらなければならないにもかかわらず、自分の都合だけしか考えていません。これではこの会社は、新しい何かを生み出すことなど不可能です。

◉むだな会議の問題点

以上は代表的なむだな会議の例ですが、ではいったい何が問題なのでしょうか。

これらの会議に共通しているのは、以下の四点です。

まず一点目は、何のための会議なのか、**会議の目的や位置づけがよくわからない**ことです。会議をすることで会社にどのような貢献をするのか、どんな価値があるのかが不明です。これらが明らかになっていないと、会議に呼ばれたメンバーは、なぜ自分がこの会議に呼ばれているのかが理解できず、自分が会議でどのような役割をはたせばいいのかわからないでしょう。

その結果として嫌々会議に参加し、自分に負担がかからず、仕事が増えないように無難に終えることが目的になってしまいます。

二点目は、会議で何をどこまで決めたいのか、**目標が不明確**なことです。

参加メンバーにとっては、会議の成果物が何かがわかりません。成果物を生まない業務は、人件費と労力のむだです。会議の成果物が何で、自分たちに何をもたらすのかを知ると、会議に対する姿勢も違ってきます。

三点目は、空回りの議論が延々と続くことによる**時間のむだ**です。議論が堂々巡りをしたり、参加者が熱くなって時間がたつのを忘れてしまったりすると、なかなか会議が終わらないことがあります。これこそ生産性が低くなる原因のひとつです。

四点目は、**会議の進行がうまくない**ことです。前記のいずれのケースも、会議の運営・進行がめちゃくちゃです。参加者がまったく発言しなかったり、好きなことを言いたい放題言ったり、話の内容がそれたりしても、それを修正する人がいません。

問題のある会議に共通するのはこの四つの点ですが、これらの問題を克服するのが、本書で紹介するファシリテーションです。さらに会議を開催する立場で会議の問題を解決するだけでなく、参加者の立場からでも会議の運営や進行に貢献できるファシリテーション・マインドを身につけることが、会議を実り多いものにするために重要なのです。

2 データに見る、むだな会議に振り回される私たち

これまで述べてきたことを裏づける面白いアンケートがあります。2009年8月17日号の『プレジデント』誌に、会議に関するアンケート調査の結果が紹介されています。

1000人を対象にしたアンケートで、「過去に最悪だと思った会議はどのような会議だったか」を調べた結果、以下のようなトップテンが発表されました（数字は複数回答の結果に計算処理を加えて集計されています）。

①上司だけがしゃべり、あとの人間は拝聴しているだけだった（804）
②何が結論かわからないまま会議が終わった（746）
③どうでもいいようなことばかり議論していた（631）
④会議というよりは、失敗や売り上げ不振のつるしあげの連続だった（617）
⑤最初から結論が決まっていた（538）
⑥1秒でも時間がほしい多忙なときなのに、どうでもいいようなことを議論する会議だった（419）
⑦提案をしたら、ケチをつけるだけの評論家みたいな人が会議に参加していた（413）
⑧そもそも何のための会議だったのかわからないままだった（367）

⑨時間がやたらと長かった（365）
⑩参加者のみんなが社長の顔色をうかがいながら賛否を決めていた（294）

本書で述べている会議の問題点が、すべてここに網羅されています。最悪だと思った会議の第1位の「上司だけがしゃべっている会議」は、もはやごく普通の光景なのでしょう。また、結論が何かわからないまま会議が終わったり、どうでもいいことばかり話し合ったりと、いかにむだな会議が多いかがわかります。

さらに4位から10位の結果のどれを見ても、私たちにとってはおなじみの内容ばかりです。

同アンケートでは、会議でよく起こることの上位10位のランキングも出ています（複数回答）。

①いつも同じ人が話している（92・4％）
②意見が活発に出ない（72・3％）
③会議で決まっても実行につながらない（70・7％）
④評論ばかりする人がいる（70・3％）
⑤本音が言えない（65・2％）
⑥自慢話など、過去の話ばかり言う人がいる（49・2％）
⑦できない理由を言う人に、みなが引きずられる（49・0％）
⑧本当は反対なのに、その場の雰囲気で賛成してしまう（43・2％）

⑨発言に自信が持てない（42・5％）
⑩仕事の本質を話すなど、内容の深い話を聞いて感動する（37・5％）

いずれも心当たりがあることばかりです。「いつも同じ人が話している」「自慢話など、過去の話ばかり言う人がいる」というのは、おそらく大半が上司なのでしょう。その結果、参加メンバーから「意見が活発に出ず」「本音が言えない」会議になってしまっていることがわかります。

また、このような会議に慣れてしまった私たちは、自分に意見があったとしても発言をためらったり、役職者が何かを提案したときに、本当は反対でも、その場の雰囲気やあとで人間関係が面倒になることを避けるために賛成してしまうのです。

会議がうまくいかない理由のひとつは、どうも上位者にあるようです。

3 時間のむだ遣いは人生のむだ遣い

多くの人が「会議は時間のむだ」と思っています。大切な時間を浪費していることも明らかです。ビジネスマンの労働時間のうち、2割から3割は会議に費やされているという説もあります。年間の労働時間を1700時間とすると、340から510時間が会議に使われているわけです。40年働くとして、8年から12年は会議に費やされる計算になります。この時間をぜひ有効に使いたいものですが、ほとんどの人はむだに過ごしているのです。

このことに気づいた企業は、全社をあげて会議の効率化に着手しています。

２０１０年4月13日の日本経済新聞電子版に、「建材・住宅設備の大手ＩＮＡＸでは、生産性向上を目指す取組みの中で、会議の削減も図っている」という記事が載っています。

ＩＮＡＸ社内で２００９年初めに会議状況を調査したところ、全社で１２１４の定例会議があり、社員が会議に費やす時間は年間で延べ35万時間にも上ることが判明しました。５８００人の正社員のうち、１８０人が就業時間中、ずっと会議をしている計算になります。仮に社員の平均年収が５００万円だとすると、何と年間で9億円の人件費を費やしていることになります。

会社として貴重な人件費を会議にむだに費やすのは、きわめて深刻な問題です。同社では会議の効率をよくするための改革に挑戦しており、1年間で10万時間の会議時間削減の取組みをスタートさせました。時間のむだ遣いは、私たちにとっても会社にとっても大きな問題なのです。

4 あるべき会議の姿――むだな会議のビフォー＆アフター

先ほどあげたむだな会議が改善されると、どのような会議になるのでしょうか。参加者が、ファシリテーションを理解し、そのマインドを身につけた後の会議を見てみましょう。

◉しらけた会議➡活発な会議に変わった例

総務部・石毛　それでは、月曜日の定例会議をはじめたいと思います。まずは、関係各部からの報告です。営業部の山本部長からお願いします。
営業部・山本　先週は積極的なセールスを実施しましたので、受注は好調でした。
総務部・石毛　それはよかったですね。どのようなセールスをされたのですか。
営業部・山本　以前はよくお買上げいただいたお客様で、この1年間注文がないお客様を抽出し、集中的に訪問したら効果が出たのです。
総務部・石毛　休眠顧客の掘り起こしの効果が出たのですね。引き続き、取り組む価値がありそうですね。また次回も、結果をぜひ聴かせてください。続きまして、生産部の西村部長。お願いします。
生産部・西村　取引先の工場が火災に遭い、一部の部品の入荷が遅れています。
営業部・山本　えっ、すでに受注した商品の手配は大丈夫ですか。
生産部・西村　はい、すでに在庫は確保しています。
営業部・山本　さすがですね。でも何か問題が出そうなら、遠慮なく教えてください。
総務部・石毛　では、財務部の榎田部長からは何かありますか。
財務部・榎田　部品の入荷遅れによって、当社の支払いに何か影響はありますか。
生産部・西村　ご安心ください。今のところ、ご迷惑をおかけするようなことはありません。

総務部・石毛　榎田部長、支払面で何か気になりましたか？

財務部・榎田　もし資金面で何かありましたら、相談していただければ、できる限りのことはします。

総務部・石毛　榎田部長、ありがとうございます。たいへん心強いですね。人事部の宮本さんは何かありますか。

人事部・宮本　とくに大きな動きはありませんが、それにしても、部品の入荷遅れが気になりますね。人事でサポートできることがあれば、おっしゃってください。

総務部・石毛　企画部の笹尾部長はまだいらっしゃっていませんね。お忙しいのでしょうか？

財務部・榎田　そう言えば、社長から緊急の資料作成を頼まれたみたいで、それに取りかかっているようですよ。

総務部・石毛　それではシステム開発部の原田さん、何かありますか。

システム開発部・原田　とくにありません。

総務部・石毛　例の人事システムの件はどうですか。

システム開発部・原田　ある程度、内容が固まりましたので、予定通りに進むと思います。

総務部・石毛　ありがとうございます。いつも通り順調ですね。他に何かありますか。

全員　とくにありません。

総務部・石毛　はい、その他とくになければ、これで終わります。

しらけた会議が、お互いに発言し合う会議に変身しました。メンバーで共有すべき情報をシェアするなどの、定例会議本来の「目的」が達成されています。

＊

◉上位者の発言ばかりで一方通行➡**役職にかかわらず、双方向な会議に変わった例**

山本部長　それでは、先月の実績について順番に報告してもらえるかな。
児玉　私は計画対比95％の達成で、若干ですが目標を下回りました。
山本部長　この厳しい環境で95％の達成はすばらしいな。あと5％で達成だったのに悔しい思いをしたと思うが、どうすれば達成できたかな。
児玉　売れ筋商品を中心に販売していたのですが、月末に一部の商品が品切れしてしまったのです。まさか、在庫が切れるとは思いませんでした。
山本部長　そうか。では、どうすれば同じことを繰り返さなくなるだろうか。
児玉　商品の在庫状況は当然ですが、その前の生産状況まで把握すれば、欠品前に対策が打てると思います。
山本部長　それは頼もしいな。今月は頼んだぞ。次、笹本。
笹本　……私は、計画対比65％と目標未達です……。
山本部長　結果が出ずに苦しんでいるようだが、先月の未達は何か心当たりはあるのかな。

笹本　量販店のハッピースマイルマートが、競合会社の安い商品に切り替えてしまいまして……。

山本部長　そうか、あの価格訴求型の商品に替えられてしまったんだ。でも、商品力はどうなんだ。

笹本　はい。品質面・アフターサービス面では当社のほうが優れていると思いますので、当社の総合力を理解してもらうように提案に工夫をしてみます。

山本部長　価格面で負けていても、他にまだまだ勝てる要素はありそうだな。木下はどうだ。

木下　あの～、実は私も未達なんです。

山本部長　未達って、もう少し具体的に教えてもらえるか。

木下　計画比72％なんです。

山本部長　そうか、今後、売上げを挽回するためのアイデアはあるのか。

木下　既存のお客様だけでは限界がありますので、新規開拓をしようと思います。でも、どこから手をつければいいのか……。

山本部長　木下をはじめ、みんな新規開拓で困っているようだな。もし参考になるなら、私の営業時代の話をしてみようか。

全員　はい、ぜひお願いします。

＊

この会議では山本部長の一方的な説教ではなく、参加型のスタイルに変わっています。山本部長は部下自身に考えさせる質問を投げかけ、自分自身の過去の体験談を話す前にも部下の了承を得ています。これこそ双方向型会議です。

◉そもそも、何の会議かわからない➡会議の目的が明確な会議に変わった例

人事部・宮田　みなさん、本日はお忙しいところをお集まりいただきまして、ありがとうございます。商品部では、全社をあげて画期的な商品を生み出すことを年内の目標にしており、そのためにもみなさんの意見を反映するために本日の会議を開催しました。では菊池さん、お願いします。

商品部・菊池　今日は、みなさんに相談があって集まってもらいました。実は、うちの部では社長からの指示もあり、新しい企画を考えているのですが、現在の市況やお客様視点、または販売する側の視点から、何か斬新なアイデアがあれば、ぜひお聴かせ願いたいと思います。

営業部・佐々木　新しい企画もいいんですが、今の生産体制じゃあ、追加して商品はつくれないでしょう。やっぱり、売れ筋商品を確実に生産することを考えたほうがいいと思いますよ。

人事部・宮田　佐々木さん、たしかに売れ筋商品が欠品しがちで営業部には負担がかかっていますね。でも、今日は目先の話ではなく将来の目玉商品をつくるために、第一線でお客様に接している営業部の視点から、何かアイデアがあれば話してもらえませんか。

財務部・林田　営業部が言うように生産体制の話もわかるが、資金繰りの問題もあるから、あまり在庫ばかり増やしてもらってもなあ。

人事部・宮田　林田さん、資金繰りの観点からのご心配ありがとうございます。でも、ここでは新商品の企画という観点で、ぜひご意見をお願いいたします。

商品部・菊池　今日は新商品の企画について、現時点での実現の可能性は気にせず、どしどしお話しください。あまり硬く考えなくてもいいですよ。

マーケティング部・堀田　新商品の開発に合わせて、ここは一発ドーンと、宣伝でもやったらどうですか。

財務部・林田　宣伝って、広告代もかなり高いんですよ。

人事部・宮田　ちょっと待ってください。宣伝については新企画が固まってからにして、今日はいろいろなアイデア出しをお願いできますか。せっかく、関係各部から参加してもらっていることですし、ぜひみなさんの意見を反映したいという商品部の意向もありますので。

営業部・佐々木　そうですね。お客様と接している部としては、使いやすさを前面に出してほしいですね。

人事部・宮田　佐々木さん、どうもありがとうございます。その調子でどんどんいきましょう。

＊

「何のための会議かわからない」から一転して、「会議の目的」が明確になりました。商品部が新企画を検討するに際して、関係各部の意見を事前に確認したいという目的が一貫しています。話が横にそれそうになっても、本来の目的に戻ってきています。会議の目的が常に意識されている証拠です。

◉すぐに紛糾する➡違った意見が出ても、お互いに尊重できる会議に変わった例

マーケティング部・大森　では、今度の販促キャンペーンについてですが……。
企画部・菊池　また販促か。この前にも販促をやったばかりじゃないか。そのときの効果は検証できているのか。
マーケティング部・大森　費用対効果はきちんと提出しましたが、詳細の説明ができていませんでした。
企画部・菊池　あんなものでは、報告になっていないだろう。
マーケティング部・大森　報告内容として不十分でしたので、もう少しわかりやすい報告を心がけます。
企画部・菊池　データを分析して、もう少し内容を考えたほうがいいと思うよ。
マーケティング部・大森　ありがとうございます。データの分析をもう少しやってみます。
企画部・菊池　まあ、マーケティング部もいろいろと忙しいからな。それで、今度の販促キャンペーンについて話を聴かせてくれないか。

＊

お互いの立場や意見を尊重することで、前向きな打ち合わせへと変身しています。最初はマーケティング部の販促キャンペーンに否定的だった菊池さんも、相手の話を聴こうという気持ちに変わっていきました。

◉自分のことしか考えていない➡**目的を理解し、会社全体のことを考えている例**

企画部・菊池　今度のキャンペーンの件ですが、既存のお客様に電話をして商品の説明をし、できればその場で注文にまで結びつけたいと思います。

運営部・三好　既存のお客様という点では潜在的なニーズがあり、注文の可能性は高いでしょうね。でも、誰が電話をするかが問題ですね。うちの部のコールセンターは、すでに通常の業務で手いっぱいの状況なんです。

企画部・菊池　たしかに、先日の新商品の発売開始から問い合わせが多くてたいへんですね。それでは、営業部に相談なのですが、営業アシスタントから何人か、コールセンター要員として臨時でお手伝いしていただくことは可能ですか。

営業部・津屋　全社あげてのキャンペーンだから何とかしたいのですが、お役に立てるとしても、せいぜい1人ですかね。最近は業務が増えて残業が多くなり、1人抜けるのも痛いので、それ以上は困るなあ。キャンペーン期間中だけ、アルバイトを採用できないのですか。

人事部・安川　期間を限定するなら人事のほうで何とかしますが、採用後の教育をする人員が足りないのです。採用後の教育については、顧客対応が完璧なコールセンターの主任にお願いすることはできますか。

運営部・三好　こういう事態だからこそ協力が必要ですね。佐藤主任に相談してみますよ。

人事部・安川　そう言えば、営業部のアシスタントの三浦さんは電話応対がすばらしくて、得意先から評判でしたね。三浦さんにも教育をお願いできないですか。

営業部・津屋　三浦は営業部のコアメンバーですが、アルバイトの教育も十分やってくれると思います。

企画部・菊池　みなさん、本当にお忙しい中、ご協力ありがとうございます。このキャンペーンは社長の肝煎りなので、社長も喜ばれると思います。

＊

各部ともたいへんな状況は変わらないですが、今回は忙しいのを承知で協力してくれています。まさに、会社全体の目標を理解し、やるべきことを率先してやるという姿勢が表われています。

「むだな会議」と「有益な会議」の違いを比較して事例でご紹介しました。

これらの会議に共通する、あるべき会議の姿とはどのようなものでしょうか。1章の最後に九つのポイントにまとめてみましょう。

1章のポイント あるべき会議の姿

①何のための会議か、目的が明確である
②会議の目的や参加者が事前に知らされている
③限られた時間内で進行される
④意見交換が双方向であり、さらに多方向に行なわれる
⑤経営幹部でも新入社員でも、役職にかかわらず発言できる
⑥違った意見が出てもお互いに尊重する
⑦活発で楽しく、終わった後にやる気が出る
⑧会議の参加者全員が決定事項に責任を持つ
⑨決まったことが全員で実行される

以上のことを実現するキーワードが「ファシリテーション」です。むだな会議がすばらしい会議に変身するのはファシリテーターの存在、もしくは参加メンバーがファシリテーション・マインドを持った結果なのです。

2章

ファシリテーションとは何か

1 会議の救世主！ ファシリテーション

1章では会議におけるさまざまな問題点を見てきましたが、このような会議の問題点を解決するために注目されているのが、ファシリテーションです。では、ファシリテーションとはどういう意味なのでしょうか。横文字の嫌いな人は抵抗を感じるかもしれませんが、むずかしく考える必要はありません。

ファシリテーションは、もともと英語の facilitate という動詞からきています。facilitate には「楽にする」「容易にする」「手助けする」「促進する」という意味があり、名詞の facilitation になると、「容易にすること」「促進すること」「円滑にすること」という意味になります。

そこで、本書で取り上げるファシリテーションを短く定義すると、「参加者の協力を促し、全員が納得して結論を導き出すための支援をすること」となります。ファシリテーションのノウハウは、「会議」「プロジェクト」「組織運営」など、さまざまな場面で活用されていますが、本書は主に会議のシーンでの内容になっています。

多少乱暴ですが、私はファシリテーションを、「会議を仕切ること」と表現することもあります。「会議を仕切る」と言うと、上司が参加者に有無を言わせず自分の思いのままに会議を進行する、というイメージを持たれるかもしれません。

しかし、そうではありません。ここで言う「会議を仕切る」とは、自らの立場や権力とは関係なく中立の立場で会議を進めていくことで、参加者は積極的に意見を出し合い、「活発に議論がされている会議」を想像してください。今の段階では、ファシリテーションをいったん「会議を仕切ること」として、具体的な詳細については本書全体を通じて見ていきたいと思います。

2 ファシリテーターとは何をする人？

◉ファシリテーターは司会進行役ではない

ファシリテーションを実践する人のことを〝ファシリテーター〟と言います。では、実際にはファシリテーターとは何をする人のことでしょうか。一番多い誤解は、会議の司会進行をする人をファシリテーターと認識してしまうことです。しかし、司会進行役とファシリテーターの役割はまったく異なります。

会議の司会進行役は議題と進行表にしたがって会議を進めていきますが、基本的に会議の進め方や参加者に対しての配慮はあまりしません。つまり、意見を整理したり、まとめたり、会議に介入したり、参加者一人ひとりに気を配ることはほとんどありません。

それに対してファシリテーターは、参加者から出てきた意見を整理したり、まとめたり、参加者に考えるヒントを与えたり、参加していない人には参加を促したりします。

1章で見てきた会議における数々の問題点の原因のひとつは、会議の進行が権限のある役職者によってなされることにあります。権限のある役職者が会議の進行役をすると、どうしてもその人が自分の進めたいように会議を進行することになってしまうため、参加するメンバーは受け身にならざるを得ません。会議を成功させる第一歩は、まずは意思決定をする権限のある役職者を会議の進行役から切り離し、ファシリテーターを立てることです。

では、ここでファシリテーターを定義すると、「中立な立場で、チームのプロセスを管理し、チームワークを引き出し、そのチームの成果が最大となるように支援する人」と言うことができます

（参考：『ファシリテーター型リーダーの時代』フラン・リース著／プレジデント社）。

私はこの定義に、「チームメンバー全員を共通の目標に向かわせること」も重要な役割としてつけ加えています。

◉事例で見るファシリテーターの役割

1章では「むだな会議」のビフォー&アフターを見ましたが、実際にファシリテーターが機能している会議とはどのような会議か、具体的なシーンで見てみましょう。

ファシリテーター　最近、急にお客様からのクレームが増えてきましたので、その原因や対応策について考えてみたいと思います。対応策については社長に報告しますので、それを決めること

が本会議の目的です。まずは、本日の会議の進め方についてご意見のある方はおられますか。

営業部・橋本　だいたいクレームが発生するのは、検品体制がなっていないからでしょう。私は先週だけで3回もお得意先に頭を下げに行ったんですよ。

ファシリテーター　橋本さん、ちょっと待ってください。クレームを立て続けに受けられてご苦労されたお気持ちはわかりますが、会議の進め方については何かご意見はありますか。

営業部・橋本　進め方も何も、まずはわれわれがどんなクレームを受けてきたのか、この場ですべて聴いてもらいたいのです。

ファシリテーター　橋本さん。最近のクレームについて、みなさんから1件ずつ具体的に聴きたいという思いはあるのですが、そうすると1時間の会議時間をそれだけで使い切ってしまいそうなので、効率的に進めるにはどのように進行すればいいと思いますか。

営業部・橋本　それでは、営業部でクレームの記録を取っているので、どのようなタイプのクレームが多いか、データで見てもらいましょうか。

ファシリテーター　それはいいですね。限られた時間しかありませんので、これまでのクレームについて、データで確認するのは全体像を知るうえでも有効ですね。では、データで全体像を確認してからはどのように進めますか。

全員　……。

ファシリテーター　みなさん、遠慮は無用ですよ。みなさんの会議ですから。

マーケティング部・宮脇　そうですねぇ……。では、その次は原因を考え、そのうえで対策を考えてみればいいのではないですか。

ファシリテーター　みなさん、いかがですか。

全員　（うなずく）

ファシリテーター　それでは、データでクレームの全体像を確認し、クレームの原因について考えたうえで対応策を検討するということでいいですね。橋本さん、営業部のデータについてご説明いただけますか。

営業部・橋本　はい。ここに、過去1年間のクレームタイプ別の件数の推移をまとめたデータがあります。最近2ヶ月で急増しているのが、出荷時の落下による商品破損のクレームで、これが38％です。その次に多いのが……。

物流部・塚原　橋本さん、出荷時の落下って、まるでうちの部が悪いような言い方はやめてもらえませんか。営業部は出荷までの流れをすべて把握していないくせに、何がわかるんですか。

ファシリテーター　塚原さん、橋本さんの説明はまだ終わっていませんので、ちょっと待ってもらえますか。

営業部・橋本　次に多いのが、納品書に記載されている色と実際の商品の色が違うことで、これが21％です。

人事部・山下　それって単純なミスですね。いったい、誰が色を間違えるのですか。

マーケティング部・宮脇　本当に。単純なミスをする人がわかれば、こんな会議をしなくてもいいんじゃないですか。そもそもマーケティング部が、何でクレームの会議に参加しなければいけないんですか。

ファシリテーター　山下さん、ここでは犯人探しをするのはやめましょう。まず全体のクレームデータを確認しませんか。宮脇さん、本件は会社としてもきわめて深刻な問題で、各部の方からそれぞれの立場でいろいろなアイデアを出してほしいのです。お客様のニーズを調査するマーケティング部の立場からの意見も、とても貴重なんですよ。

マーケティング部・宮脇　そう言われれば、そうですけど……。

ファシリテーター　橋本さん、続けてください。

営業部・橋本　次に多いのは、電源が入りにくいというクレームが14％、コールセンターの対応が6％です。

人事部・山下　コールセンターの対応の悪さは、教育が十分に行き届いていないからでしょう。競合している東西商事は徹底的にコールセンターの教育をしているから、対応のよさは業界でとても評価が高いですよ。

ファシリテーター　山下さん、ここでは他社の話は置いておきましょう。では、データの結果を整理すると商品破損が38％、色間違いが21％、電源が入りにくいことが14％、コールセンターの対応が6％ということですね。次に原因について考えてみましょう。

営業部・橋本　やはり、物流部の出荷体制をしっかりしてもらわないと。

ファシリテーター　橋本さん、物流部の出荷体制うんぬんは対策の話ですよね。まず、原因について考えてみましょう。商品破損と色間違いでクレームのほぼ6割を占めるので、その原因を把握するだけでも光明が見えそうですよ。

物流部・塚原　そう言えば、商品を運ぶときに箱の中で何かがぶつかるような音を聞いたことがありますよ。梱包されている商品が何かと接触しているのではないかな。

ファシリテーター　それは、何か問題がありそうですね。その調子でどんどん出していきましょう。時間があと40分しかありませんので、できれば20分で原因を特定し、残りの20分で対応策を検討したいと思いますので、みなさんよろしくお願いします。

実際の会議を想定し、ファシリテーターの役割を見ていただきました。会議が本来の目的を達成するように、メンバーの参加と協力を促し、プロセスをきちんとマネジメントしています。このような役割をはたすことがファシリテーターには必要なのです。

ファシリテーターの具体的な役割については、3章でさらにくわしく見ていきます。

3 ファシリテーションが注目される背景

近年、ファシリテーションの研修を実施する企業が増えてきたり、これまでの会議のやり方を改めて、ファシリテーションの考え方を導入したり、社内ファシリテーターを養成するなど、ファシリテーションに対するニーズが高まっています。ではなぜ、ファシリテーションがこれほどまでに注目されるようになったのでしょうか。大きく分けて、次の四つの要因が考えられます。

①意思決定のスピードが求められている
②意思決定の質が求められている
③意思決定の可視化が求められている
④意思決定に関与する参加者の多様化が進んでいる

①意思決定のスピードが求められている

現代の企業社会は問題が山積みです。しかも、その問題は加速度的に増えています。そこで、会議においてもいち早く意思決定をしないと何もかもが遅れてしまい、対応が後手後手になってしまいます。

また、従来であれば会議時間を延長したり、後日改めて会議を開くなど、決定が遅くなっても問題視されないことがありましたが、もはやむだに時間を費やすことは許されません。スリム化した組織で、限られた人数で業務をこなしているため、猫の手も借りたいくらい忙しい状況で、会議ばかりに時間を割くことはできないからです。

意思決定のスピードを上げるのは時代の要請でもあります。

②意思決定の質が求められている

今までの会議では、役職の高い人や経験の長い人、声の大きい人の意見で物事が決まることが多かったのですが、現代はそれらの人々の意見が必ずしも正しいとは言えなくなってきています。環境の変化が速く、価値観が多様化している中で、昔の成功体験を引きずっていては、判断を間違えてしまいます。

会社にとってベストの意思決定をするには、役職や経験、専門性だけでなく、さまざまな価値観を持ったメンバーの多様な意見を尊重して、最適な解を見つける必要があります。

③意思決定の可視化が求められている

今までの会議では、限られたメンバーで決めても、密室で決めても、意思決定までの過程や方法が不明でも、「結果がよければすべてよし」ですんでいました。

しかしながら現在の経営環境では、なかなか望ましい結果が出ないばかりか、安易な決め方をしていると思わぬ結果に陥ってしまうリスクもあります。

意思決定で影響を受ける人にとっては、その決定が十分に議論されたうえで合理的に決まったものであり、その過程が第三者から見てもわかりやすく可視化されていることが重要です。

④参加者の多様化が進んでいる

グローバル社会が急速に進展し、自国だけでビジネスが成り立つ時代ではなくなりました。人企業だけでなく、中堅・中小企業においても国籍を問わず、国境を越えて優秀な人材を採用する時代になりました。

また、雇用形態も正社員だけでなく、派遣社員、契約社員、パート社員、アルバイトと自分の生活スタイルに合わせて働き方も選ぶ時代になってきました。まったく異なる発想や考え方をする多様な価値観を持った人々と一緒に仕事をする時代になっているのです。

このようなさまざまなタイプの人々とともに業務をこなしていかなければならないため、従来のような運営方法では、全員が納得できる会議運営はできなくなっているのです。

4　ファシリテーターの3段階のスキルレベル

ファシリテーターには3段階のレベルがあります。レベルⅠは会議のファシリテーター、レベルⅡはチームのファシリテーター、レベルⅢは組織のファシリテーターです。レベルがⅠからⅢに上がっていくにしたがい、ファシリテーターの役割はより複雑に、より高度になっていきます（参考：『ファシリテーター型リーダーの時代』）。

レベルⅠは、会議を実施する際に必要な基本的なファシリテーションができるレベルです。

レベルⅡは、複数の部門にまたがるプロジェクトチームなど、継続して開催される会議のファシリテーションを実施するレベルで、プロジェクトマネジャーなどはこのレベルに該当します。

レベルⅢは、組織のビジネス全般とその組織文化ならではの問題を十分に理解し、組織が大きな変革をしようとするときに、変革の方向を導くことができるレベルです。

本書ではレベルⅠを対象とした内容、すなわち会議のファシリテーションが中心テーマになっていますが、私はこれまで、レベルⅠからⅢまでの範囲をすべて経験してきたので、その経験を踏まえ、レベルⅢを意識した記述も含まれています。なお12章では、レベルⅡの事例を紹介しています。

このように、ファシリテーションは会議だけを取り扱うのではなく、プロジェクトのマネジメントであったり、組織全体のマネジメントであるなど、応用の幅が限りなく広い万能のスキルなのです。

ファシリテーションの能力を高めていくと、「チームのファシリテーター」「組織のファシリテーター」へとステージを高めることができます。ファシリテーションのスキルを身につけることで、組織運営の力をつけることができるのです。

ただし、チームのファシリテーターや組織のファシリテーターは会社側が任命することがほとんどなので、自分でやりたくても勝手にはできません。しかし、会議のファシリテーターは会社が決めなくても、自分で進んで務めることができます。ですから、会議のファシリテーターにはぜひとも自ら積極的に手をあげてなるべきです。**会議のファシリテーターの経験を積むことで、**

チームリーダーや経営幹部への土台ができるのです。

5 ファシリテーションとリーダーシップの関係

現在のように変化が激しい時代においては、リーダーシップのスタイルもその環境に合わせて柔軟でなければなりません。トップや一部の経営幹部だけに意思決定を委ねる時代ではないのです。組織に属するメンバーの総力を結集して、メンバーのコンセンサスによる意思決定がますます必要となってきています。

このメンバーのコンセンサスを引き出すためには、**ファシリテーションのスキルを身につけたリーダーが必要**となってくるのです。価値観や個性が異なるメンバーが、知恵や力を合わせて相乗効果を生み出すためには、組織や肩書を超えて多様な人材と協力し、メンバーの力を最大限に引き出すことができるリーダーが求められているのです。

ファシリテーション・スキルを身につけたリーダーを、ここでは〝ファシリテーター型リーダー〟と呼ぶことにします。従来型のリーダーとファシリテーター型リーダーの違いは、前面で部下に影響力を与えるか、裏方として部下を支援するかの違いと言えます。

従来型のリーダーは、会社のビジョンやミッションを決めて部下に示し、それを達成するために部下を鼓舞して動機づけを行ないます。しかし、ファシリテーター型リーダーは、ビジョンやミッションを1人で決めることはありません。ビジョンやミッションが決まるまでの過程と、それが実行されて達成されるまでの過程を、裏から支援する黒子の役割を演じるのがファシリテーター型リーダーなのです。

私がファシリテーターに必要なリーダーシップを取り上げるときによく引用するのが、「サーバント・リーダーシップ」です。サーバント・リーダーシップとは、マネジメントの研究に一生を捧げたロバート・K・グリーンリーフが提唱したリーダーシップのスタイルで、まさしくファシリテーターに必要なリーダーシップのスタイルです（参考：『サーバントリーダーシップ』ロバート・K・グリーンリーフ著／英治出版）。

サーバントとは、「奉仕」という意味です。「奉仕」こそが、リーダーシップの本質であると説いているのです。「自分の良心に従って、より良い世界へと導くことを自分の責務と信じ、周囲の人々にとって、組織にとって、優先されるべきことがなされているかに常に心をくだく」――そのようなリーダー像がサーバント・リーダーシップなのです。

ロバート・K・グリーンリーフのサーバント・リーダーシップの考え方を、グリーンリーフ・センターの前所長であるラリー・スピアーズが、わかりやすく10の属性としてまとめて提唱しています。この10の属性は、どれを見てもファシリテーター型リーダーに必要なものなので、ぜひ参考にしてください。

①傾聴（Listening）　大事な人たちの望むことを意図的に聞き出すことに強く関わる。同時に自

分の内なる声にも耳を傾け、自分の存在意義をその両面から考えることができる。
②**共感**（Empathy）　傾聴するためには、相手の立場に立って、何をしてほしいかが共感的にわからなくてはならない。他の人々の気持ちを理解し、共感することができる。
③**癒し**（Healing）　集団や組織を大変革し統合させる大きな力となるのは、人を癒すことを学習することだ。欠けているもの、傷ついているところを見つけ、全体性を探し求める。
④**気づき**（Awareness）　一般的に意識を高めることが大事だが、とくに自分への気づきがサーバント・リーダーシップを強化する。
⑤**説得**（Persuasion）　職位に付随する権限に依拠することなく、また、服従を強要することなく、他の人々を説得できる。
⑥**概念化**（Conceptualization）　大きな夢を見る能力を育てたいと願う。日常の業務上の目標を超えて、自分の志向をストレッチして広げる。制度に対するビジョナリーな概念をもたらす。
⑦**先見力、予見力**（Foresight）　今の状況がもたらす帰結を見定めようとし、それが見えたときに、はっきりと気づく。過去の教訓、現在の現実、将来のための決定のありそうな帰結を理解できる。
⑧**執事役**（Stewardship）　大切なことを任せても信頼できると思われるような人を指す。
⑨**人々の成長に関わる**（Commitment to the growth of people）　人々には内在的に成長できる価値があると信じ、一人ひとりの、そしてみんなの成長に深くコミットできる。

⑩コミュニティづくり（Building community）　同じ社会、企業、体制の中で仕事をする人たちの間にコミュニティを創り出す。

（Larry C. Spears (1998). "Tracing the Growing Impact of Servant-Leadership." In Larry C. Spears ed. (1998). Insights of Leadership : Service, Stewardship, Spirit and Servant-Leadership. New York: John Wiley & Sons.pp.3-6 の記述より、金井壽宏氏が要約）

2章のポイント　ファシリテーターの心構え

①ファシリテーターは会議の司会進行役ではない

②ファシリテーターは中立な立場でチームのプロセスを管理し、チームワークを引き出し、そのチームの成果が最大となるように支援する

③ファシリテーターには、「会議」「チーム」「組織」の3段階のレベルがある。ファシリテーションのスキルを向上させればレベルも上がる

④会議のファシリテーターの経験を積むことで、チームリーダーや経営幹部への土台ができる

⑤複雑化した現代の企業に求められるのは、多様化した価値観を集約できるファシリテーター型リーダーである

3章

ファシリテーターの具体的な役割

1 メンバー全員を共通の目標に向かわせる

まず、次の会議の様子をご覧ください。参加者がそれぞれどこに向かっているか、何を目標としているのか、考えてみましょう。

ファシリテーター 本日の会議はマーケティング部の提案で、新しいプロジェクトを立ち上げて、次の収益の柱をつくることを検討するためにお集まりいただきました。

企画部・菊池 そもそもだな、そんなことをやって、いったい何になるんだ。以前にも新規プロジェクトを立ち上げたのに、それはどうなっているんだ。以前のプロジェクトの効果を検証もせずに、何がまた新しいプロジェクトだ。私は、そんなことに時間をとられるのはごめんだ。

人事部・宮田 そのプロジェクトを立ち上げるために、人員は必要なのですか? 当社には、もう人を雇う余裕はありませんよ。予算もないので中途採用もできません。

財務部・林田 君たちは、何かあれば新しいプロジェクトだと言うが、そもそもそんなことをする金はどこにあるんだ。目先の資金繰りもたいへんな状況なのに。まず、来月の支払いができるだけの売上げを確保することを考えたらどうなんだ。銀行もこれ以上、協力はしてくれないぞ。そんなにやりたければ、お前たちが銀行と交渉したらどうだ。

◉バラバラな参加者の意識をまとめる

この会議では何が問題でしょうか。お読みいただいてわかるように、参加者は全員、自分のことしか考えていません。つまり、自分の仕事を守りたい、これ以上仕事を増やしたくないという気持ちが表われています。

会議の主催者であるマーケティング部には、目先の短期的な収益ではなく、中長期的に収益の柱になる事業を今から発掘したいという思いがあります。しかしながら参加者の考えはバラバラです。

企画部長は以前のプロジェクトを理由に、自分の仕事を増やしたくない気持ちが明らかです。人事部長は人員のことしか考えていません。これ以上、人件費を増やしたくないし、労務管理の負担を増やしたくないというのが本音でしょう。財務部長は目先の資金繰りで手いっぱいで、中長期のプロジェクトのために、新たな予算を使いたくないという考えです。しかも、銀行との融資交渉までマーケティング部でやればどうか、と言っています。

このように同じ会社にいながら、目指している方向がまったく違うということがどこの会社でもあります。これでは、組織一丸となって意思決定をし実行することなど不可能です。入口の段階でつまずいてしまっていては、会議の成功は望めません。

そこでファシリテーターは、「会議の目的は何なのか」「会議をすることでどのような目標を達成し」「どのような成果を出したいのか」「そのために、なぜこのメンバーが招集されたのか」という会議の主旨を参加者と共有し、それぞれに納得させる必要があります。

メンバー全員の意識が共通の目標に向かえば、会議は意味のあるものへと変身します。そのためにファシリテーターも**会議にコミットし、メンバーとともに同じ目標に向かって進む**という思いを持つ必要があります。

先ほどの事例も以下のように変われば、会議もひとつの方向に向かいます。

◉目標に向かって意識を統一する

ファシリテーター　本日はたいへんお忙しいところ、お集まりいただきましてありがとうございます。私たちは厳しい経営環境の中で目先の仕事に追われ、社員の表情も明るくありません。しかし、そのような今だからこそ、将来への布石を打つ必要があります。

そこで競合他社に打ち勝つために、今から次の一手を打ち、3年後には現在の状況から脱却して、社員の笑顔が見られるようなプロジェクトを検討するために、みなさんにお集まりいただきました。

社長も現在の状況を危惧され、マーケティング部が中心となって各部の主要メンバーに力を借りて、何とか新規プロジェクトを成功させてほしいとおっしゃっています。会社の発展と全社員の未来のために、ぜひご意見をお願いいたします。企画部には全社の戦略やさまざまなプロジェクトを統括している立場からご意見をいただければ、と思います。

企画部・菊池　今回は社長も真剣だし、マーケティング部としても何とか成功させたいという思いなんだな。私は、以前のプロジェクトの効果検証も行ないながら、新規プロジェクトにも活かしていく立場でいろいろと言わせてもらうよ。

ファシリテーター　ありがとうございます。人事部は、昨年の全社のリストラの直後でたいへんな状況の中、ご参加いただきました。全社的な人員配置や労務管理の観点でサポートいただきたいので、ぜひよろしくお願いいたします。

人事部・宮田　現在、各部とも限られた人員で残業が多くなっているのですが、全社でバランスを取りながら、各部に負担がかからないようにするために、どのような人員体制を取れば新規プロジェクトを軌道に乗せることができるか、という側面から発言させてもらいます。

ファシリテーター　財務部には、本プロジェクトに関する費用算出と資金繰りの観点からアドバイスをいただきたく、ご協力をお願いいたします。

財務部・林田　目先の資金繰りもたいへんなので、新しく融資が必要になると思うが、プロジェクトの中身がよければ銀行も融資に応じてくれるだろう。私はプロジェクトの資金面でお役に立てるようにするよ。

この例は、各部とも自分を守るのではなく、「本来の自分の部門に与えられた立場で目標を達成するために何ができるか」という前向きな取組姿勢を示してくれています。これこそが、「メンバー全員を同じ方向に向かわせる」ということなのです。メンバーを同じ方向に向かわせるためには、会議の開催前や会議当日の冒頭で、「会議の主旨」や「なぜ、会議が必要なのか」「会議の位置づけ」などを**ファシリテーター自身の言葉で伝えなければなりません。**

2 中立な立場であること

基本的にファシリテーターは、中立な立場でなければなりません。

二つの対立する意見、AとBのどちらか一方に決めなければならない状況で、ファシリテーターがAの立場で会議を進めると、B側の参加者にとっては不利な進行になってしまい、公平な会議ができなくなります。

しかし、会議の場で純粋に中立の立場に立てる人はあまりいません。たとえば、営業部と製造部が会議をするとき、どちらの部にも属していない人がファシリテーターとして、わざわざ会議に参加してくれるということはないでしょう。

あくまでも、中立な立場の人がファシリテーターをするのが望ましいのですが、現実には不可能なことが大半です。では、誰がファシリテーターをするかとなると、当然、営業部か製造部の誰かがファシリテーターを務めなければなりません。

営業部と製造部の意見が真っ向から対立しているときに、ファシリテーターが営業部の人間だとすると、営業部に有利なように進行してしまう可能性がありますが、このような場合こそファシリテーターは、中立公平でなければならないのです。

では、「営業部からファシリテーターになった人は発言してはいけないのか？」と言えば、結論から言うと発言してもかまいません。

ファシリテーションをしながら、ときに自分の所属する立場で発言する場面も出てきます。ただしその場合は、一人二役に徹しなければなりません。草野球の試合を例にあげるとわかりやすいでしょう。

草野球の試合ではAチーム、もしくはBチームのどちらかの人間が、審判をしなければなりません。選ばれた審判は、たとえ自分が所属するチームのピッチャーでも、ボール球を投げれば「ボール」と判定しなければなりません。また審判は、自分の打席が回ってきたら、バッターとして真剣にバットを振ります。そして審判に戻ると、また公平な立場になります。

ファシリテーターもこれと同じで、ファシリテーションをするときは中立公平な立場であり、自分の部の立場で発言するときは、真剣に部のために発言しなければならないのです。

3 チームのプロセスを管理する

チームのプロセスを管理するとは、**会議を開催し、合意に至るまでのプロセスを管理すること**

です。会議には必ず目的があります。何かを決めるために、または何かの合意を得るために会議を行なうはずです。何かを決める・合意を得る（＝ゴール）ということは、当然、解決すべき問題（＝出発点）があるということになります。

ファシリテーターは、この出発点からゴールに至るまでの道筋（＝プロセス）を管理しなければならないのです。プロセスを管理するということは、具体的には、**「議論の内容（contents）」「議論の道順（way）」「参加者（member）」「時間（time）」の四つを管理する**ことになります。

では、実際のファシリテーターの管理の事例を見てみましょう。

◉議論の内容をマネジメントする

ファシリテーター　本日は業務の多角化に伴い、社員を1名採用するかどうかを決めるためにみなさまにお集まりいただきました。当社は現在、比較的業績が好調ですが、それに甘んじてマンネリや守りの姿勢の行動も目につくようになりました。

そこで、新しい事業を立ち上げるのに伴い社内を活性化し、現状に甘んじることなく、将来を見据えた動きを全社員に浸透させるため、新事業を引っ張っていける業界経験者を増員するか否かを検討したいと思います。

営業部・津屋　増員も何もないよ。総務部は人が余っているだろ。いつも席に座って、パソコンばかりしている奴がいるじゃないか。

総務部・石毛　何を言ってるんですか。営業部こそ先月は業績が8割にダウンしていますから、それに合わせて人員も8割にすればいいんじゃないですか？

ファシリテーター　ちょっと待ってください。今は、総務部とか営業部など個別のことについて話しているのではなく、会社として増員が必要か否かを考えたいと思います。

総務部・石毛　でも、人を採用する予算はないでしょう。

ファシリテーター　財務部の林田さん、予算面ではいかがですか。

財務部・林田　現在のところ業績は好調なので、社員1人の増員であれば、経営計画の人件費に与える影響は少ないですよ。

人事部・宮田　人を採用するとなれば、募集・面接とまた仕事が増えるな。しかし、社員のマンネリ化や保守的な傾向は私も気になっていたんだ。ここはいっそのこと、意識改革の研修でもやったらどうだ。

ファシリテーター　宮田さん、研修については別途考えるとして、中途採用の方針が決まればすぐに募集の準備に入ることは可能ですか。

人事部・宮田　そりゃあ、採用するのは人事の仕事だから、すぐに動くよ。

この事例では、議論の内容は「社員を1名採用するかしないかを決めること」です。それに対して営業部・津屋と総務部・石毛は、お互いの部の人員を異動させる話をしています。お互いのことを指摘し合っているだけで、本来の議題について話していません。そこでファシリテーターは、ストップをかけて議論を戻しています。また人事部・宮田は、採用ではなく、研修の話をしています。ここでも、ファシリテーターは採用に議論を戻しています。

以上の例のように、**「議論の内容（contents）」とは、ずばり話し合うべき中身そのもの**です。会議には脱線はつきものです。ファシリテーターは常に、「今、何を議論しているか」「ゴールに向かっているか」を意識しなければなりません。

◉議論の道順をマネジメントする

ファシリテーター　今日は、社内のレクリエーションの企画をテーマにお集まりいただきました。毎年恒例のレクリエーションは、社長をはじめ従業員の家族も楽しみにしている行事ですので、その期待に応え、仕事面でも相乗効果が出るように、みなさんのお知恵をお借りしたいと思います。

山本　去年は、レクリエーションの後の幹事メンバーの打ち上げも盛り上がったなあ。今年はどの店を予約しますか。焼肉にしますか。

ファシリテーター　山本さん、打ち上げの話はすべてが終わってからにしませんか。まず、今年の幹事メンバーの自己紹介からはじめたいと思いますが、よろしいですか。

佐藤　や、山本！　お前、今年も幹事やるの？　お前はソフトボール派だろ？　今年はバーベキューにしようよ。

ファシリテーター　佐藤さん、まずは幹事メンバーの自己紹介からはじめませんか。

佐藤　いや、もうお互い知ったメンバーだから、自己紹介の必要はないと思いますよ。みなさん、どうですか？（全員うなずく）

ファシリテーター　では、時間の節約もできますね。それでは、みなさんに事前にお願いしておきましたが、昨年の反省と今年の方針を確認したいと思いますが、よろしいですか？

木下　そう言えば昨年の山登りでは、僕はお茶の担当だったんだ。もう重いものを持つのは嫌だよ。

ファシリテーター　木下さん、役割分担は内容と場所と日時が決まってからでも間に合いますので、それからにしませんか。では昨年の反省ですが、どなたかご意見はありますか。

山本　昨年の山登りは体力の差で、先頭と後ろに相当な時間の開きが出てしまったので、一体感に欠けたと思います。

木下　だから僕は、お茶係は嫌だと言ったのに。今年は重いものは持たないよ。

ファシリテーター　木下さん、そのお茶の件は、昨年の反省という観点から見ることはできませんか。

木下　そうですね。荷物は特定の人に集中しないようにしないと。体力的に限界があるので、複数名で分担したほうがいいと思いますよ。

ファシリテーター　そうですね。その調子で他に反省点はありますか。

山本　そう言えば、鈴木さんは途中入社でまだ全員の名前を覚えていないですよね。ちょっと簡単に自己紹介してもらえませんか。

ファシリテーター　……（お互いに知ったメンバーだから自己紹介は必要ないってみんな言ったのに）。

「議論の道順（way）」とは会議進行の順番です。**会議がはじまってから終わるまでの道筋をあらかじめ想定し、その順に会議が進行しているかどうか**を管理しなければなりません。

前記の例では、ファシリテーターは自己紹介をしてから、昨年の反省、今年の方針……という順番を想定していましたが、いきなり打ち上げの話や役割分担の話になるなど、順番が前後しています。さらに、ようやく反省の議論に入ったと思った矢先に、自己紹介発言が出て、議論が戻っています。会議には進むべき道順がありますので、ファシリテーターはその順番をマネジメントしなければなりません。

◉参加者をマネジメントする

ファシリテーター　では、今月の営業会議をはじめたいと思います。先月は、売上げが計画対比で10％下がってしまいましたが、まずはその原因を分析しておきたいと思います。

山本部長　笹本！　だいたいお前は、いったい何をやっていたんだ。お前の売上ダウンの影響で、全体が下がってしまったんだ。お前はそれでも営業か？　なぜ、半年も連続で予算未達なんだ。

笹本　……。（萎縮してしまっている）

ファシリテーター　山本部長、今は笹本さんを責めるのではなく、当社として先月の売上げが計画対比で10％ダウンした原因について、何か心当たりはありませんか。

山本部長　でも笹本の売上未達は、これで6ヶ月連続だぞ。

ファシリテーター　個人的なことは今は置いておきましょう。まず、部として考えてみたらどうですか。

ファシリテーター　（ふて腐れた表情の児玉を見つけて）児玉さんは、何か思うことはありませんか。

児玉　私なんか12ヶ月連続で計画達成しているのに、何の評価もされないんですよ。ボーナスも増えないし、はっきり言ってこれ以上、がんばろうという気が起こらないですね。

ファシリテーター　児玉さん、お気持ちはわかりますが、売上達成の方法を部内で広めてもらうためにも協力をお願いできませんか。

山本部長　児玉、私からも頼むよ。

ファシリテーター　（まだ何も発言していない木下を見て）木下さんは何かありますか。

「参加者（member）」とは、会議に参加しているメンバーのことです。会議にはさまざまな人が参加しますが、参加する意欲はそれぞれ違います。積極的に参加しているメンバーもいれば、嫌々参加してまったくやる気がない人もいます。

ファシリテーターは、参加メンバーを動機づけ、一人ひとりに目を配りながら、全員が平等に会議に参加できるようメンバーを管理しなければならないのです。

具体的には参加者の顔色を見ながら、参加意欲を持ってもらったり、発言を促したりします。また会議の途中で、山本部長のように上司が感情的になって興奮してしまったときには、参加者が萎縮して自由に発言ができなくなってしまうことがあります。そのようなときには、**冷静に議論が行なわれるよう、参加者の感情にも意識を向ける**ことが必要です。

会議の場では、笹本さんのように集中攻撃を受けることもあります。会議は、特定の誰かを個人的に批判する場ではありません。ある特定の個人の問題を取り上げるのではなく、組織としての目標達成のために何をするかを、議論しなければなりません。**個人攻撃に遭う人が出たら、ファシリテーターはその人を守る**必要があります。

また、木下さんのようにまったく発言しない人もいます。まったく発言しない人がいた場合、もともと参加意欲がないのか、反論を恐れて発言ができないのか、消極的になって発言ができないのか等を見きわめ、その人にも発言の機会を与える必要があります。

話は少しそれますが、私がユー・エス・ジェイに在職していた頃、会議の場で発言をしないと、上司から「発言しない者は会議に参加しなくてもよい。発言をする者で決めるから出ていけ」と叱られたことがあります。新入社員でも中途採用の社員でも、会議の場に出れば土俵は同じです。発言しなければ、参加意欲がないと思われても仕方がないのです。私が叱られたのも当然でしょう。

しかしながら、ファシリテーションでは考え方が異なるのです。発言をしない人がいた場合、悪いのは発言をしない本人ではなく、**発言の機会を与えないファシリテーターの責任が問われる**のです。

◉時間をマネジメントする

ファシリテーター　本日の会議の予定は1時間です。スケジュールが詰まっている方も多いため、1時間以内に終わるようご協力をお願いします。まず、新商品のアンケート結果について調査部から報告がありますので、お願いします。

西本調査部長　今回の新商品ですが、アンケートの結果、いろいろなことがわかってきました。それは……（10分経過）……。

ファシリテーター　西本部長、申し訳ありません。すでに10分たったのですが、あと3分でまとめてもらうことは可能ですか。

西本調査部長　わかりました。……他にも言いたいことはいろいろとあるのですが、残りを簡潔に言うと、今の段階で市場に出しても、消費者の満足は得られないということです。

ファシリテーター　西本部長、ありがとうございました。それでは、調査結果に対する質問の時間を10分取りたいと思いますが、何かありますか。二宮さん、どうぞ。

二宮　その調査にはもう少し時間をかけたほうがいいのではないですか。たとえ時間と予算がないとしても、当社としての戦略商品なので、もっとお客様の本音に触れるような方法があるのではないでしょうか。たとえば……（5分経過）……。

ファシリテーター　二宮さん、すいません。二宮さんのご意見はよくわかりました。他の方にもお聴きしたいので、いったんここまででよろしいですか。他に質問のある方はおられますか。

ファシリテーター　では、あと40分しかありませんので、次のステップについて確認しておきたいのですが、このアンケート結果を受けて新商品の導入はどのように進めていきますか。

「時間（time）」とはタイムマネジメントのことです。会議の多くは決められた時間内に終わらないことが問題です。時間の管理はきわめて重要で、むだな時間は使いたくないものです。

ファシリテーションでは会議が時間内に終わらないと、１００％とは言わないにしても、ファシリテーターの責任が大きく問われます。

会議の参加者は当然、会議の後の予定があります。忙しい人は分単位でスケジュールが埋まっています。ファシリテーターは、時間管理に最大の配慮をしなければなりません。

そのためには、**会議全体のデザイン・時間配分を事前に行なう**必要があります。そして、会議本番ではそのデザインに基づいて進行することが重要です。当然、会議はファシリテーターの想定通りに進行することはないでしょうが、時間配分を決めておくと、想定よりも会議が順調に進んでいるのか、遅れているのかの目安になります。

3章のポイント　ファシリテーターの役割

①会議の目標に向けて、参加者の意識を同一方向に向ける
②中立公平な立場を保つ
③チームのプロセスを管理する
・議論の内容をマネジメントする
・議論の道順をマネジメントする
・会議の参加者をマネジメントする
・会議の時間をマネジメントする

4章

会議前のファシリテーション・ステップ

1 目的の設定と参加者の決定で会議が決まる

それでは、ファシリテーションの進め方のステップを見ていきましょう。ファシリテーションには大きく、「会議前（事前準備、場の設定）」「会議中」「会議後」の三つのステップがあります。

一般にファシリテーションに関する書籍では「会議中」を中心とした記述が多く、「会議前」や「会議後」についてはあまり触れられていません。それはファシリテーターの役割が、会議前や会議後まで含まず、会議中のみと考えられているからと言うこともできます。

しかし本書では、単に会議の運営だけを成功させることが目的ではなく、会議で議論される内容やプロジェクトを成功させることを目的として、ファシリテーターが会議前から会議の後まで深く関与することを想定し、その広い範囲を対象にしています。

それではまず、ファシリテーターが会議前にすべきことを見ていくことにしましょう。

◉目的・目標の設定

会議を行なうということは、必ずその会議の中で達成したい目的や目標があります。そこで、**「会議を開催することで何を決めるのか」「どのような問題を解決したいのか」「何について合意を得たいのか」を明確にすること**が第一歩です。それは、参加者から見ても明瞭でなければなりません。

会議の参加者の中には、「何で、そんなことで会議をするのか」「なぜ、その会議に自分が参加しなければならないのか」と、会議に意義を見出すことができず、参加する意欲が低い人がいるため、まず会議の目的が、参加するメンバーにとっても意味があることを理解してもらわなければなりません。逆に目的や目標が不明確なときは、本当に会議自体が必要なのかを見きわめることも大事です。

◉参加者の決定

会議の目的・目標が決まれば、会議に参加するメンバーを決めなければなりません。このときに重要なのは、**どこまでが利害関係のある部署なのかを見きわめる**ことです。

会議の結果、直接影響が出る部署もあれば、直接影響が出ないまでも、間接的に影響が出る部署もあります。会議に呼ばれず、何かが決まってから「うちの部は参加していないから知らない」とか、「知らないところで決まったことなので協力できない」などと、協力に否定的になる部署が出てくることもあります。

そうしたことを恐れて、少しでも関係がある部署の人に参加してもらうと、直接的に影響が少ない部署からすると、「何で、そんなことで会議に呼ばれるのか」と思われることもあり、結局、人数だけが多くなって十分な議論すらできないことにもなります。

参加部署の選定で失敗すると、会議の結果はすでに見えていると言えます。それだけ慎重になる必要があります。

次に、参加する部署が決まれば、その部署の誰に参加してもらうかも決めなければなりません。部署の責任者である部長クラスなのか、次長・課長クラスなのか、もしくは担当者レベルでいいのかを決めることもきわめて重要です。ある部署は部長が出てきているのに、他の部署は担当者レベルではバランスが悪く、わざわざ部長が出てきている部署に対して失礼になることもあります。これらのことを考慮に入れて、参加メンバーを選ぶ必要があります。

参加メンバーを選ぶのはとても面倒です。どのようにすればいいのか悩んでしまいます。そのようなときに私は、**直接・間接に関係するすべての部署の担当者に相談**し、とくに間接的に関係する部署には会議に参加してもらったほうがいいか、参加してもらうならどのレベルの役職者を巻き込めばいいかを確認するようにしています。

このステップを踏んでおけば、参加メンバー選びで失敗することはなく、次回も困ることはありません。また、事前に担当者に相談をしているため、後から「自分の部署は知らなかった」という事態にもなりません。

◉参加者の分析

会議の参加メンバーが決まれば、次にそれぞれのメンバーを分析しなければなりません。分析ということに対してどの作業のようですが、会議で議論することに対して**どのような立場なのか**、会議での決定事項により、その**部署にどのような影響が出るか**を事前に想定する必要があります。

また、会議の場で質問されるテーマがわかっていれば、あらかじめ資料などを揃えておく対策も可能です。私は、会議の参加者に財務部や企画部など、数字に敏感な人がいる場合は、事前に関連データと電卓を用意して会議に臨むようにしています。

次に部署の立場ではなく、**参加者が個人的にどのような人か**を知っておく必要もあります。たとえば、いつも冷めているタイプなのか、気に障ることがあれば感情的になるタイプなのか、他人を攻撃するタイプなのか、またはすぐに逃げ腰になってしまうタイプなのか等、その人独自の性格や特徴などもつかんでおくと、ある程度の心構えができます。

社内でよく知ったメンバーであれば、このような手間を省くこともできますが、部門横断のプロジェクトなどで知らないメンバーが多い場合は、会議の前にこちらから事前に挨拶に行くことで、どのようなタイプの人なのか、ある程度把握することができます。

2 細かい作業でもファシリテーターは手を抜かない

◉アジェンダの作成

アジェンダとは、会議で議論することを５Ｗ１Ｈの箇条書きでまとめた簡単な書類です。会議の参加者には、その内容を必ず事前に伝えておく必要があります。

5W1Hとは、**いつ**（When）、**どこで**（Where）、**誰が**（Who）、**何について**（What）話し合うのか、また、**なぜ**（Why）そのことを今、議論する必要があるのかを記入します。可能であれば、会議を**どのように**（How）進めるのかも記入しておくといいでしょう。

議論する内容を事前に伝えておくことで、会議の場では判断ができないようなことでも、あらかじめ部内で検討したうえで会議に参加してもらうことができます。

アジェンダには、会議の参加メンバーの名前（Who）は欠かせません。会議は、参加するメンバーによって雰囲気ががらりと変わります。参加メンバーを事前に伝えておくことで、会議の雰囲気やレベルを予測できたり、自分の立場や、なぜ自分が会議に招集されたかも理解しやすくなります。

◉開催場所の確保

会議は、社内の会議室で行なうのが普通ですが、参加メンバーに応じてそれに適した会議室を予約する必要があります。せっかく参加者の日程調整をしても、会議室がなければ開催できませんので、早めに予約しておかなければなりません。

会議室に選択の余地があれば、外が見える明るい部屋がいいでしょう。地下室に会議室がある場合もありますが、地下室だと外界の光も入らず、暗い雰囲気になるため、ファシリテーターとしては配慮が必要です。また、最近ではパソコンを使ってプロジェクターで投影しながら会議をすることもあるため、そういった設備の確認も必要です。

◉開催案内の通知

会議の準備が整ったら、参加者に会議開催のメールを送ります。メールにはアジェンダを添付します。参加者に秘書やアシスタントがいる場合には、その方々にも、忘れずに会議開催通知を送ります。

開催案内は、事前にスケジュールを確認したうえで送ることが前提ですが、会議の直前に送ると、他の用事を入れてしまう人もいるため、スケジュールを確保したら、できるだけ早く通知しなければなりません。逆に、かなり前に通知した場合は、**開催日近くに確認メールを送ったほうが確実**でしょう。

◉会議に必要な資料の準備

会議では、さまざまな資料が配布されます。膨大な資料を配布している会議も見かけますが、**会議はあくまでも議論をする場であり、資料を読む場ではない**ため、あまりにも多くの資料を配布することは好ましくありません。

また会議の当日に資料を配布すると、参加者の中には資料ばかりを読んでいて、人の話を聴かない人も出てきます。会議用の資料を準備するのはたいへんな作業ですが、会議を効率的に進めるためには、すべての資料を**会議の前に参加者に配布しておく**ことが望ましいのです。

関係各部に資料を作成してもらう場合には、提出期限が来ても出してくれないことが多いため、各部へ依頼し、確実に準備してもらうこともファシリテーターの重要な仕事です。

3 「会議のプロセス設計」で会議をデザインする

ファシリテーターが会議前に準備すべきことできわめて重要なのが、会議のプロセスを設計することです。実際には会議がはじまってから、会議の進め方を参加メンバーで決めることもありますが、参加者は決して会議運営に慣れているわけではないため、ファシリテーターがある程度プロセスを設計してリードすることが多くなります。

会議のプロセス設計には六つのステップがあります。

①会議の目的説明と共有

「なぜ、この会議をしなければならないのか」「会議をすることの意義」など、会議の重要性を参加メンバーが認識するための説明をします。

②今回の会議の目標、成果物の確認

今回の会議が終わった時点で、「何が決まっていなければならないか」「参加メンバーは何を手にしているか」を確認します。

③参加者の紹介

初めての会議で、さまざまな部署からの参加者がいるのであれば、各メンバーの役割を認識してもらうためにも参加者の紹介を行ないます。

④これまでの会議の経緯

連続した会議であれば、これまでの議論での決定事項、前回やり残した点を確認します。

⑤会議での注意事項、約束事の取り決め

会議を実施する際の注意事項や約束事を決めます。たとえば、「1回の発言時間は3分以内」「他人の発言をよく聴く」「席を外さない」「他の人の意見を批判しない」などです。

⑥会議全体の時間配分

時間配分をしていない会議では、参加者の言いたい放題になってしまい、いつの間にか終了の時刻が来てしまったり、逆に十分な意見交換の時間が取れなかったということも起こります。また好き勝手な意見が散々出て時間切れになってしまい、安易な決定がなされてしまうということもあります。そこで、あらかじめ**「何に」どれくらいの時間を割けばよいか、という見当をつけておく**ことはとても重要になります。その「何に」とは、以下の五点です。

「参加者の意見出し」：会議の議題に対して、参加者からさまざまな意見を述べてもらうために必要な時間。

「意見の整理」：参加者から出た意見をわかりやすく整理して、まとめるために必要な時間。

「意見交換・議論の深掘り」：参加者の意見がある程度集約できたら、さらに議論を深掘りし、具体的な意見交換をするために必要な時間。

「合意形成」：活発な意見交換を行ない、議論が収束し、全員で合意形成をするのに必要な時間。

「決定事項の確認と今後の計画」：会議の最後に、決まったことを確認し、実行に移すための計画を立てるために必要な時間。


以上が会議の事前準備です。ただでさえ忙しい中で、会議のためにこれだけのことをしなければならないと思うと気が遠くなりますが、**念入りな準備こそが会議を成功に導く最短の近道**であると肝に銘じて、事前準備に取りかかりたいものです。

4 会議前の場づくりと進行の心得

次に、会議に入る前の場の設定のステップを具体的に見ていくことにしましょう。これは、事前に考えた会議のプロセス設計を、実際に会議の本題に入る前に参加メンバーと共有し、必要であれば変更することで、よりよい会議にするための場づくりをすることです。

①場をほぐす

会議ではいきなり本題に入るのではなく、**話し合いに入りやすい砕けた雰囲気をつくる**こともファシリテーターの役割です。

簡単なゲームを取り入れたりすることもありますが、実際にはさまざまなレベルの会議があり、役員や部長などが参加する会議でゲームをするのは気が引けます。また、参加者が全員揃ってから雰囲気づくりをする人もいますが、待っている間は静まり返っており、全員揃ってから砕けた雰囲気をつくるのはひと苦労です。

私がおすすめするのは、とても単純な「声かけ」です。メンバーが会議室に入るつど、声かけをして、気さくに話ができる土壌をつくるのです。たとえば、「佐藤さん、先日の飲み会ではノリノリでしたね。あの後二次会にも参加したのですか?」「山本さんは最近、ごひいきの阪神タイガースが好調なので、気分がいいのではないですか?」「木下さんのお子さんって、少年サッカーをされているんですよね。この夏は日焼けして真っ黒じゃないですか?」などと、場の緊張をほぐすような軽い話題をかわしておくと会議前の場が和みます。

また、ファシリテーターからこれらのネタふりをしておくことで、隣席に座った人同士が、その流れの中で雑談をするようになり、全員が集まる頃には、すでにわいわいがやがやの状態になっていることも多いのです。

その他さまざまなアイスブレイク（場を和ませる方法）がありますので、会議にふさわしい適切な方法を考えましょう。

②会議の目的説明と共有

まずは参加メンバーに、忙しい中で集まってもらったことにお礼を述べたうえで、開会を宣言します。その次に本日の会議の議題を述べ、「なぜ、この会議をしなければならないのか」「会議をすることの意義」など、会議の位置づけや重要性についての認識を、参加メンバーが共有するために説明します。

例：「年度末のたいへんお忙しいときにお集まりいただきまして、ありがとうございます。本日は新規事業立ち上げのプロジェクトについて会議をさせていただきたく思います。

本日の会議の結果は経営幹部に報告し、最終的な意思決定となりますが、実際には新規事業に進出するか、しないかを決める今日の決定が、会社としての決定だと認識していただいてもいいほど重要な位置づけとなります。この新規事業への進出が決まれば、今後策定する中期経営計画の柱にもなりますので、ぜひ活発な議論をお願いいたします」

さらに参加メンバーがその目的を共有し、全参加者が納得したうえで同じ方向に向かう動機づけをすることがファシリテーターの重要な役割です。

③会議の目標、成果物の確認

今回の会議が終わった時点で、「何が決まっていなければならないか」「参加メンバーは何を手にしているか」を確認します。

例：「本日の会議時間は60分です。60分後には新規事業へ進出するか否かが決まっていなければなりません。関係各部の第一線にいらっしゃるみなさまは、いろいろな意見をお持ちだと思いますが、できるだけ全員が納得した形で合意をし、自信を持って結論を経営幹部に報告できるようにすることが必要です」

この例では、具体的に60分の会議が終わった段階で、どのような状態になっていなければならないかを述べています。参加メンバーはその状態を事前に理解することで、常に最終ゴールをイメージしながら議論をすることができます。

④これまでの会議の経緯

連続した会議であれば、これまでの議論での決定事項、前回やり残した点を確認します。

例：「前回は新規事業に進出するにあたり、費用対効果が想定できないということで会議を終えましたので、本日の会議までに関係各部からは各種コストや売上予測の資料を提出していただきました。本日は、それらの数値を集約した資料を事前にお配りしていますので、それに基づいて議論を進め、最終決定をしたいと思います」

前回はどこで会議が終わったのか、今日の会議までに何がなされたのか、それを受けて今日の会議では何をするのか、の3段階での説明が必要です。

前回の会議が終わってから、何のアクションもしないまま会議を再開することがありますが、それでは継続して会議を開催しても大きな進捗は見込めません。前回の会議の後、**本日の会議までに何をしなければならないか**をファシリテーターはマネジメントする必要があります。

⑤会議全体の時間配分

会議時間が60分であれば、その時間をどのように使うかを参加メンバーで決めます。

時間配分は前述の通り、「意見出し」の時間、「意見の整理」の時間、「意見交換・議論の深掘り」の時間、「合意形成」の時間、「決定事項の確認と今後の計画」の時間があります。

参加者はファシリテーターではないので、何に時間を多く割けばいいのかわかりません。そこで、ファシリテーターが準備した時間配分を提示し、参加メンバーに意見を聴いたうえで決めるといいでしょう。

例：「まず本日の会議の時間配分を確認したいのですが、新規事業に進出するかしないかを決める重要な会議ですので、おそらく多くの方が意見をお持ちだと思います。まずは、みなさまからざっくばらんに意見を言っていただく時間を20分取り、そのうえで出てきた意見を整理する時間を10分取ろうと思います。

意見の整理ができたら、新規事業に進出するかしないかを、それぞれの立場からさらに議論を深めるのに15分、最終的にみなさまの合意を得るのに10分取り、最後の5分では本日の決定事項の確認と今後のスケジュールについて確認をしたいと思います。

時間通りに進むことはないと思いますが、会議進行の目安にしてください。大まかな進め方についてで何かご意見やご質問はありますでしょうか」

このようにおおまかな進行スケジュールを把握しておくことで、**会議の中で今、自分たちはど**

こにいるのか、現在地点をつかむことができます。
迷走する会議では、議論があちらこちらに飛んでしまい、いったい何を議論して、いつ終わるのかわからなくなることもあります。そうならないためにも、会議の道筋、時間配分をあらかじめ想定しておくことが必要でしょう。

5　参加者を巻き込む工夫

①参加者の紹介

さまざまな部署から参加者がいるのであれば、各メンバーの役割を認識してもらうためにも、参加者の紹介を行ないましょう。お互いのことをよく知らなければ、相手に対して批判的になったり、相互理解が進まないこともあるため、参加メンバーを紹介することで、お互いの壁を少しでも取り除きます。

例：「まず本日の参加者ですが、営業部からは北山次長の代理で本松課長に出席いただいています。本松課長は営業部の中でもベテランで、営業部のことなら何でもごぞんじです。日常業務でも、北山次長の代わりを十分にこなしておられ、新規事業が決まったときには、販売チャネルの構築を担当される立場としてご意見をうかがいたいと思います。それでは本松さん、一言お願いします」

例：「マーケティング部からは大森課長にご参加いただきました。大森課長はＷＥＢマーケティングがご専門で、新規事業においても当社のホームページの作成を担当されます。それでは大森さん、一言お願いします」

以上のように、単なる紹介だけに留まらず、その参加者に期待される役割なども説明することで、参加意欲を持ってもらいます。

参加者の紹介はファシリテーターがすることもあれば、他にもさまざまな自己紹介の方法があります。ゲーム感覚で自己紹介をする方法もありますので、メンバーや場の雰囲気に応じて選択するといいでしょう。

②役割分担

会議の場では、あらかじめ参加者の役割を決めて進行したほうが参画意欲も増し、効率もよくなります。役割には「ファシリテーター」「書記」「タイムキーパー」「資料係」などがあります。

ファシリテーターはすでに決まっているものとして、書記やタイムキーパーを決めなければなりません。書記は他の参加者にお願いするか、ファシリテーター自身が兼ねるという選択肢があります。しかし、書記の役割は結構たいへんなので、ファシリテーターが兼務するのは、よほど慣れていないと、ファシリテーターとしての本来の仕事を見失ってしまうので要注意です。

③会議での注意事項、約束事の取り決め

会議を進行させるための、注意事項や約束事を決めましょう。注意事項や約束事を決めることで、ファシリテーターはスムーズに会議を運営することができます。

ルールを決めると、役職が上位の人や、逆らうことができないような人などが参加する場合に威力を発揮します。

一般社員にまじって部長が1人参加する会議であれば、部長に対して一般社員は異論を唱えたり、暴走を止めることはしにくいため、ファシリテーターがルールを守るように促すのです。

たとえば、「1回の発言時間は3分以内」というルールがあれば、部長が延々と話をして止まらなくなったら、ファシリテーターが、「部長、本日のルールでは1回の発言時間は3分となっておりますので、いったん止めていただけますか」と制することができます。

部長がファシリテーターを責めようとしても、参加者全員で決めたルールであれば、部長はみんなの前でルールを破るわけにはいきません。

本来であれば、参加者からルールを出してもらい、全員で決めるのが理想ですが、役職者や他の人に遠慮をしてアイデアが出ないことのほうが多いかもしれません。

そういうときはファシリテーターが、「一般にこのようなルールを決めることが多い」と一言断りを入れて、「発言は1回3分以内」「他の人の発言をよく聴く」「席を外さない」「他の人の意見を批判しない」などの選択肢を出すこともできます。

約束事を決める際は、ファシリテーターの押しつけにならないよう、あくまでも参加者の意思で決めることが重要です。

4章のポイント 会議開催前の準備事項

目的の設定と参加者への対応

・会議の目的を明確にして、参加者を決定する
・参加者に会議の事前案内をし、必要資料を配付する

会議の進行について

・議論が活発になるように、まず場の雰囲気をほぐす
・会議の開催目的を説明して、会議のテーマを参加者と共有する
・会議が終わった後、どのような成果があるかを事前に参加者にイメージしてもらう
・会議の進行について、時間配分を考えておく

参加者への気遣い

・参加者の紹介をすることで、お互いの壁を取り除く
・参加者の役割を決める
・会議の中でのルールを決める

5章

会議中のファシリテーション・ステップ

1 まず、多くの発言を引き出す「意見出し」

会議の目的は、議題について参加者から意見を集め、参加者全員が納得のいく結論を得ることです。

そこでまず、参加者から自由に発言を引き出していきます。ファシリテーターは、意見が偏らないように、さまざまな視点から広く意見が出るように心がけます。ひとつの意見に議論が集中することを避け、**「横への広がり」**を意識します。

ある意見に対して、賛成意見もあれば反対意見もあるでしょうが、ここでは賛否の意見を戦わせるのではなく、**それぞれの立場からひとつでも多くの意見を引き出す**のがポイントです。発言の途中で異論を唱えたり、誰かを批判したり、1人で延々と意見を述べるなど、会議のルールを守らないメンバーも出てきますので、ファシリテーターはルールに照らし合わせて、参加者をマネジメントする必要があります。また、発言内容を聴かない人がいれば、人の話をきちんと聴くように注意をするのもファシリテーターの重要な役割です。

参加者によっては、議題とずれた発言をする人もいますので、発言の主旨を明確にするために質問をしたり、内容の確認をすることも必要です。

一例として、ある会社の「社員旅行の開催」についての会議風景を見てみましょう。

ファシリテーター　本日は、今年の社員旅行でどこに行って何をしたいか、みなさんからご意見をお聴きしたいと思います。まずは、できるだけ多くの意見を出していただきたいと思いますので、遠慮なく言ってください。ここでの約束は、人の意見に対して賛成も反対もしないことです。とにかく、いろいろな意見を出すことが目的です。では、意見のある方からどうぞ。

服部　私はのんびりと温泉につかって、エステでも楽しみたいわ。

後藤　服部さん、それって女性しか楽しめないし、僕は反対だな。

ファシリテーター　後藤さん。ここは賛成、反対ではなく、どんどん意見を出してほしいのですが。

後藤　そうだな。僕は何と言ってもスキーだな。広いゲレンデで思いっきり滑ってみたいね。

山村　後藤さんは、口を開けばスキースキーって、そんなに行きたけりゃ個人で行けばいいんじゃないの。雪山なんか、寒くって凍えてしまうよ。

後藤　だから、スキーで身体を動かすんじゃないか！

ファシリテーター　後藤さん、山村さん。ここはスキーがいい悪いではなく、とにかく意見を出してみましょうよ。

山村　私は思い切って海外がいいわ。ハワイとか。

並河　おいおい、ちょっと待ってくれよ。社長や専務も来るんだよ。海外なんか行っても、社長と専務に気を遣うだけだよ。誰が面倒見るんだ。飛行機で横にでも座ったら、何時間も気を遣うんだよ。山村さんが横に座ってくれよな。

ファシリテーター　並河さん。今は社長と専務のことは忘れて、行きたいところを出しましょうよ。並河さんはどこに行きたいのですか。

並河　山登りなんかいいかもね。

磯辺　僕はテーマパークに行ってみたいな。

下山　京都のお寺巡りなんかどうかしら。秋は紅葉がきれいで、とても風情がありますよ。

山村　他にも言わせてもらってもいいかしら。私は沖縄もいいと思うの。

後藤　海に行って、スキューバダイビングやボートに乗るのもいいかもね。

磯辺　テーマパークって言ったけど、どうせならロサンゼルスがいいな。ディズニーランドもあるし、ユニバーサル・スタジオもあるし。

ファシリテーター　いろいろな意見が出てきましたね。その調子でどんどん出して行きましょう。他に行きたい場所はありますか？

このように「意見出し」の場面では、さまざまな視点からできるだけ多くの選択肢が出るように、自由に発言を引き出します。反論をしたり、誰かを批判したりすることがあれば、ファシリテーターは約束を守るように参加者をマネジメントすることが大切です。

2 議論を「見える化」する

さて、社員からさまざまな意見が出てきました。ここまでの話し合いを振り返ってみましょう。みなさんは、どのような意見が出たかすべてを覚えているでしょうか。

正解は、「温泉」「エステ」「スキー」「海外」「ハワイ」「山登り」「テーマパーク」「京都」「お寺巡り」「沖縄」「海」「スキューバダイビング」「ボート」「ロサンゼルス」「ディズニーランド」「ユニバーサル・スタジオ」です。

すべて言えた人は記憶力がいい人でしょう。しかし、実際の会議はもっと長い時間で、さらに多くの意見が出ます。でも私たちは、せっかく出た意見を忘れてしまいます。そこで重要なのは、出た意見を「見える化」することです（会議の「見える化」については、9章でくわしく解説）。

「見える化」するためには、ホワイトボードに書き出したり、パソコンで入力したものをスクリーンに投影したり、ポストイットに書いて貼り出すといった工夫をします。

意見を「見える化」するのは面倒なようですが、以下のような大きなメリットがあります。

①発言内容を、忘れず残すことができる

発言内容を書いて残さないと、他の発言にかき消されたり、時間がたつと忘れ去られたり、印象が薄くなります。書き出しておけば、そうしたことを避けることができます。

②同じ発言を繰り返さない

同じ人が、主張したいことを何度も繰り返したり、他の誰かが発言したにもかかわらず同じことを発言する人がいると、時間がむだになってしまいます。「見える化」をすることでそうした時間のむだをなくすことができます。

③発言内容を客観視できる

発言内容を、発言者から切り離して「見える化」することで、すべての人が発言内容を客観的に見ることができます。

④発言を感情から切り離すことができる

意見を言うときに、人によっては大きな声を出したり、威圧的な言い方をしたり、涙ぐむなど、感情がまじってしまうことがあります。感情的になりすぎると、冷静な議論ができなくなります。発言を書き出すことで、意見から感情を切り離すことができます（ときに感情を込めた発言が重要な意味を持つこともありますが）。

⑤冗長な発言内容がわかりやすくコンパクトになる

参加者によっては長々と、多くのポイントを含めた説明をする人がいます。このような発言には、複数の論点が入っています。また、話が長すぎて何が言いたかったのかわからなくなることもあります。そこで、書き出すことで言いたいことを短くまとめたり、ポイントを整理することができます。

感が持てます。

⑥自分の発言が伝わったという安心感が持てる

「見える化」することで、自分の発言が参加者の目に触れるため、聴いてもらったという安心感が持てます。

以上が、「見える化」するメリットです。

話は「意見出し」に戻りますが、この例のように意見が次々と出れば、ファシリテーターも会議を進めやすいのですが、なかなか意見が出ないこともあります。その理由は、立場の違いによる遠慮や、的を外したことを言って恥をかきたくないなど、いろいろあります。

そこで、会議で参加者からより多くの意見を出してもらい、場を活性化するための工夫として、**事前に意見を考えてきてもらう**という方法があります。会議を招集するときに、あらかじめ何を話し合うかを伝え、それに対する意見を各自三つは考えてきてもらうようにすれば、会議当日は全員がすでに意見を用意していることになるため、それを部下の人たちは順番に言ってもらうだけで多くの意見が集まります。

また会議の場では、役職が上の人の意見に流されることもあります。さらに、せっかくいい意見やアイデアがあったとしても、先に役職者が発言をすると、部下の人たちは準備した意見やアイデアを出さないということもあります。これらを防止するために、**意見出しの順番を役職が下の者からにする**と、上司の意見に左右されなくなる、という効果があります。

ポストイットやメモ用紙1枚にひとつの意見を書いて会議に参加してもらい、1人ずつ順番に発表してもらうと、人の意見に流されて発言内容を変えてしまうということを防止できます。

3 議論をわかりやすくする「意見の整理」

ある程度意見が出尽くしたところで、議論をわかりやすくするために「意見の整理」をします。意見出しでは自由に発言をしてもらいましたが、意見の整理では、「意見の集約」「意見の関連づけ」「意見のレベル合わせ」を行ないます。

「意見の集約」：会議の主旨に照らし合わせ、出てきた意見を見渡して、似た意見同士をひとつにまとめていきます。似た意見がひとつにまとまったら、その意見を表わす言葉（大項目）で表現し直します。

「意見の関連づけ」：似た意見同士をまとめた大項目がいくつかできたら、次は大項目と大項目の関係を見ていきます。対立するものなのか、対立しないのか、また深い関係にあるのか、関係はないのか等、大項目同士のつながりを見ることで細かい議論を避け、大きな視点で議論をすることができます。

「意見のレベル合わせ」：意見出しで出てきた意見は、具体的なものから大まかなものまで、階層が違うものがあります。たとえば前述の、「社員旅行の開催」というテーマで意見出しをしてもらった場合、国内旅行と海外旅行は同じ階層ですが、国内旅行とハワイでは階層が違います。ハワイは海外旅行の下位に位置する階層です。

このように意見を集約していく過程で、階層を意識しながら整理することが必要です。これが事前にできていれば、かみ合った議論ができるようになります。

それでは、先ほどの社員旅行の会議の続きを見てみましょう。

ファシリテーター　みなさんから行きたいところがいろいろと出てきましたので、ここで整理をしてみたいと思います。出てきた意見はバラバラのようですが、似たようなグループに集約できそうですね。

服部　そうですね。同じような行き先はまとめてみたらどうですか。

ファシリテーター　みなさん、いかがですか。とくに異議がなければ、グループ分けをしてみましょうか。

後藤　それなら、スキーって、何かひとつだけ違うような気がするな。

並河　でもスキーはスポーツだし、山登りもアウトドアでスポーツに分類できるかもね。

後藤　スキューバダイビングやボートもアウトドアですね。スキーと山登りと海でのアクティビティか……。何か、冬と夏でぜんぜん違うような気がするんだけど。

ファシリテーター　後藤さん、ここは何か正解を見つけることが重要ではないので、いったんアウトドアというカテゴリーに分けてみましょうか。その他はどうですか。

山村 それなら、海外とロサンゼルスは同じですね。

磯辺 でも、ロサンゼルスは海外に含まれるし、海外と言っても広すぎるのでは？

ファシリテーター 磯辺さん、それではいったん海外として、その中にロサンゼルスとしましょうか。

下山 それなら、京都や沖縄は国内旅行になりますね。

山村 ちょっと待って。それなら、温泉・海・山・テーマパークもすべて国内じゃないですか。

ファシリテーター そうですね。旅行を考えるうえでは、国内と海外というのが、階層として大きな括り方になりそうですね。

服部 では、国内の中に京都・沖縄という地名があって、海外の中にロサンゼルスがあって。ということは温泉やスキーはどうなるの？

後藤 温泉・お寺巡り・スキー・ボート・スキューバダイビング・テーマパークは、それぞれ地名の下に来るのかな？

磯辺 ちょっと待ってくださいよ。今の考え方だと、国内か海外、そして次に個別の地名という目的地があって、それから具体的な活動というようになっていますね。でも、先にアクティビティを決めてから、場所を考えたほうがいいのではないでしょうか。

ファシリテーター 磯辺さん、それはとても重要なことですね。そうすると、まず大きく目的地

■意見のグループ分け・階層分けをする

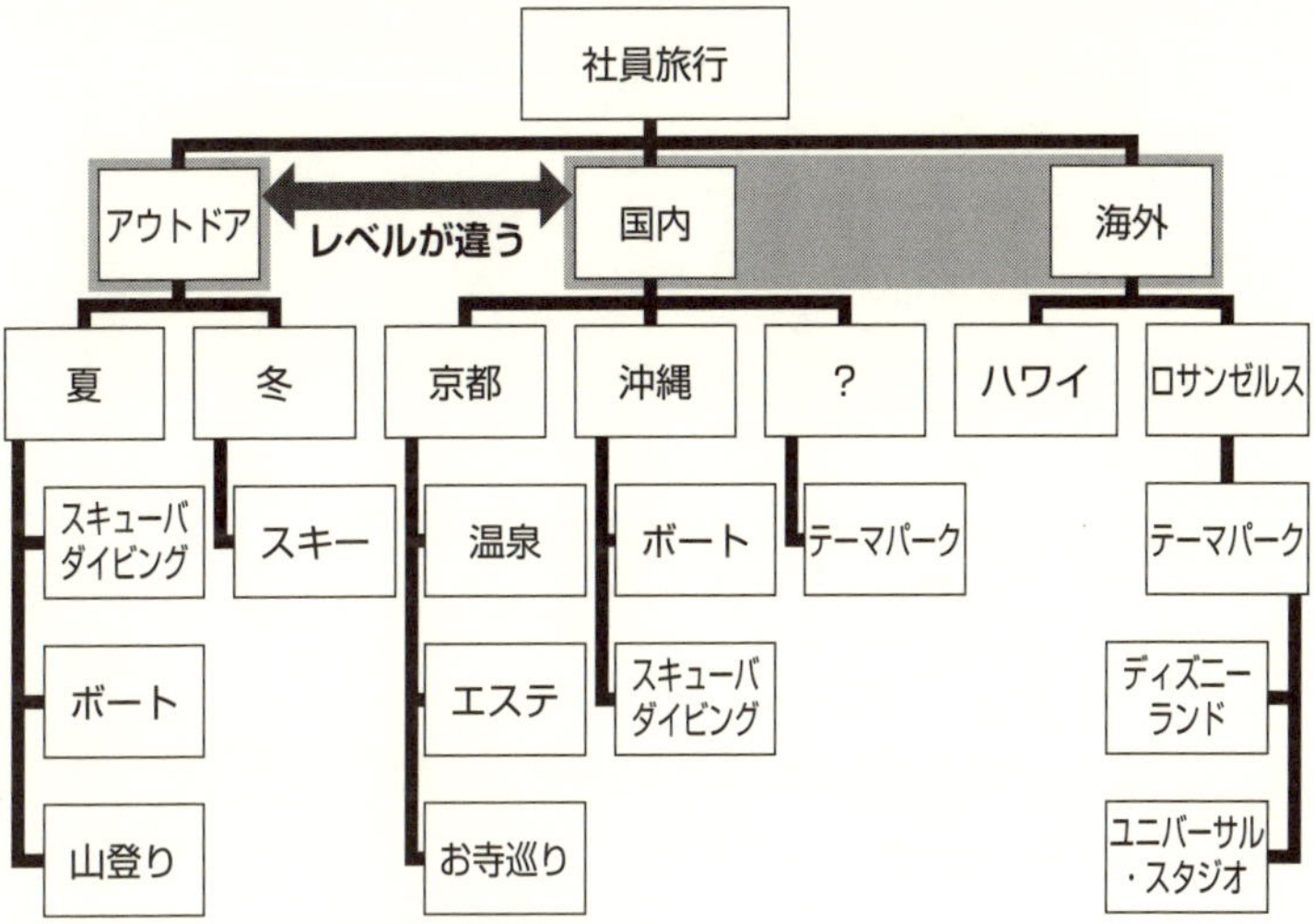

から考えるのか、アクティビティから考えるのかという選択が必要ですね。ここを押さえてから議論に入ったほうがよさそうです。

意見をまとめて集約しようとしましたが、一番大きな項目を、目的地とするかアクティビティにするかによってその後の展開が違ってくることに気がつきました。これはどちらが正解というのではなく、会社のメンバーが何を優先させるか、ということです。「意見の集約」「意見の関連づけ」「意見のレベル合わせ」を意識したからこそ、気づくことができたと言えるでしょう。

ファシリテーターは、意見を整理するときには、この3点に注意して進める必要があります。この考え方は8章で具体的に見ていきます。

4 「意見交換」と「議論の深掘り」をする

意見の整理ができれば、焦点が絞られて論点が明確になりますので、全体像を俯瞰しながらさらに意見交換をしたり、議論の深掘りを行ないます。「意見出し」の際は、「横の広がり」を意識しましたが、議論の深掘りをする際は、「**縦への深まり**」を意識します。

ここでファシリテーターが注意すべきことは、議論が逆戻りしたり、横に話が広がらないようにすることです。

先ほどの続きを見てみましょう。

ファシリテーター　みなさんの意見を集約したところ、まずは目的地とアクティビティのどちらを基準に考えていくかということで、目的地から考えることになりました。目的地では国内と海外、そして国内では京都、沖縄という案が出ました。海外ではハワイとロサンゼルスが出ました。みなさん、その他に行きたいところはありませんか。

磯辺　私はロサンゼルスと言いましたが、予算や日程などいろいろ考えると、海外はあまり現実的ではないかもしれないですね。

山村　私もハワイは友だちと行くことにして、社員旅行は費用面から考えても国内のほうがいい

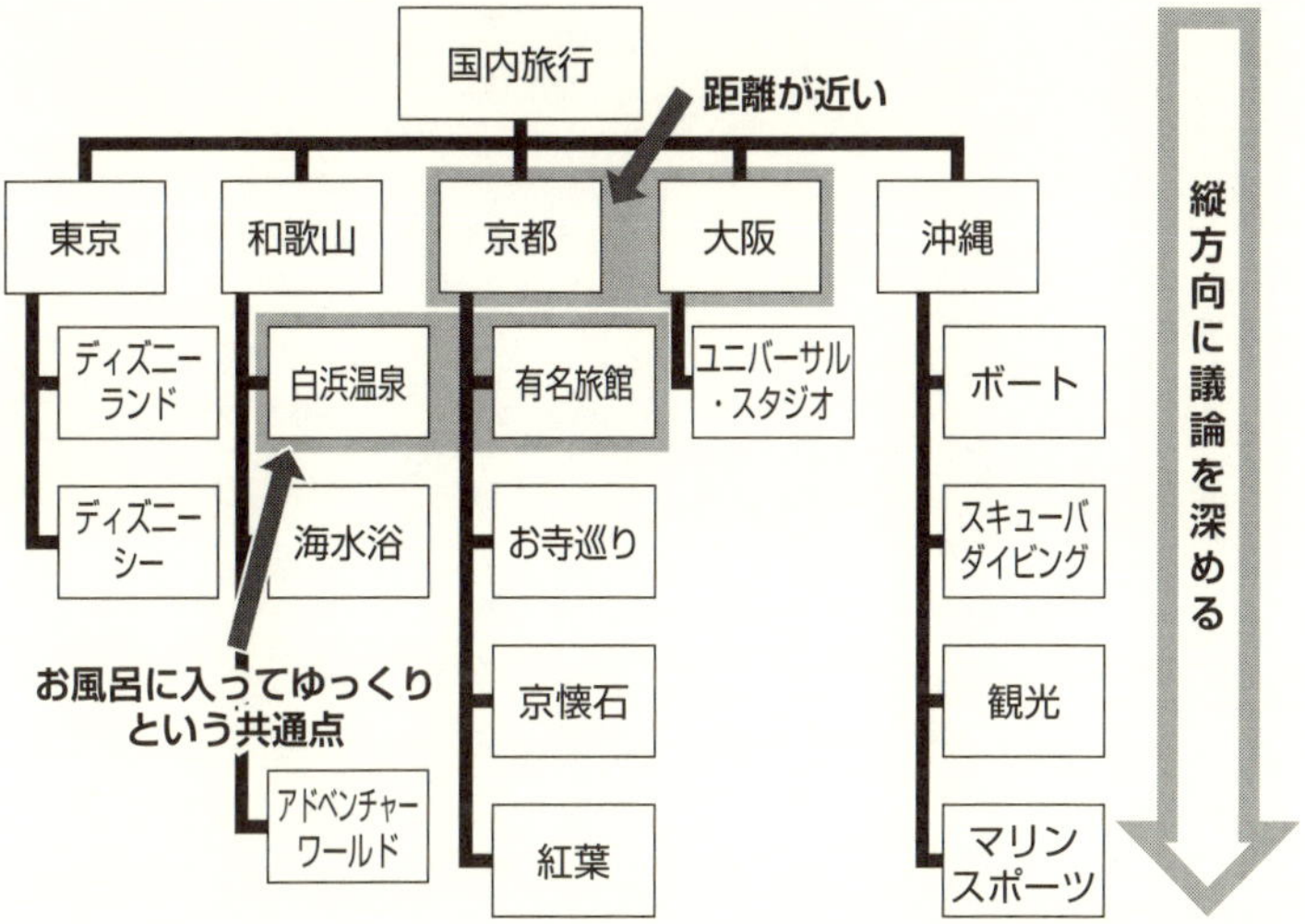

と思います。

ファシリテーター　他のみなさんはどうですか。とくに異議がなければ、海外は選択肢から外して国内の目的地を考えていくことにしましょう。

磯辺　それなら、東京ディズニーリゾートはどうですか。東京なら他にも観光地がありますし。

ファシリテーター　磯辺さん、東京ですね。他にありますか？

服部　私は和歌山県の白浜に行ってみたいな。

ファシリテーター　みなさん、他にありますか？……なければ、京都・沖縄・東京・和歌山の中からさらに検討を進めたいのですが。それでは、これらの地域でやりたいことをあげていきましょうか。

下山　京都はお寺巡りができるし、京懐石も食べられるし、秋に行けば紅葉もきれいですよ。

山村　沖縄だと、観光もマリンスポーツもできますよ。

磯辺　東京は、何と言ってもディズニーリゾートですね。ディズニーランドもディズニーシーも大人でも十分楽しめますよ。

服部　和歌山には白浜温泉もあるし、海水浴場やアドベンチャーワールドもありますよ。

ファシリテーター　それぞれの目的地でみなさんがやりたいことを聴いていますと、それぞれバラバラですね。みなさんが一緒に楽しむことができるようなところはありませんか。

下山　温泉ではないけど、京都には有名な旅館もあるし、ゆっくり落ち着くことができますよ。

磯辺　京都なら、翌日大阪に行けばユニバーサル・スタジオにも行けるしね。

このように議論の深掘りをすると、本当にしたいことが明確になったり、対立していたメンバー同士であったとしても一致点が見えてくることがあります。

5 共通の目標に向かって「合意形成」をする

意見出しを十分に行なって、意見を整理し、さらに意見交換を行なって議論の深掘りを行なえば、あとは結論を導くのみです。

十分な議論ができた場合は、参加者全員が納得して完全合意になることもあれば、意見の食い違いが残っていたとしても、お互いの立場を理解しながら、歩み寄って合意形成に至ることもあります。逆に、どれだけ議論を尽くしても最後の最後まで意見が対立することもあります。

ファシリテーターが目指すのは、言うまでもなく完全合意です。完全合意とは全員が納得して、**全員が勝者で敗者がいない状態**です。「ウィン・ウィンの関係」と表現することもあります。

しかしながら、どうしても完全合意に至らず、最終的には多数決を取ったり、上位者に判断を委ねることで、一部の参加者は納得しないまま結果が出る、「ウィン・ルーズの関係」になることもあります。

最悪なのは、誰も納得せず、先延ばしになる、「ルーズ・ルーズの関係」です。

会議での合意事項を実行に移す際には、ウィン・ウィンで決まった場合、その後もスムーズにいきます。ウィン・ルーズで決まったことを実行に移す場合は、ルーズ側にいた人のタイプによっては実行時にさまざまな影響が出てきます。

ルーズ側にいた人のその後の行動をタイプで分けると、以下の四つになります。

タイプ1：「たとえ自分の意思とは異なる決定であっても、全員で議論した結果決まったことだからしたがわなければならない」と考えるタイプです。このタイプの人は、決まったことに対して積極的に行動を起こしてくれる、組織人として鏡のような存在です。

タイプ2：議論の結果、決まったことに対しては行動を起こすが、心が伴っておらず、受け身で嫌々動くタイプの人です。全社一丸となって進むべきときにこのようなタイプの人がいると、気持ちがひとつにまとまらないため、思うように仕事が進まないことがあります。

タイプ3：自分の意見が採用されなかったのだからと、何も行動を起こさない人です。「賛成した人だけでやればいい」という、組織人としては好ましくないタイプです。

タイプ4：会議での決定事項でも、何とか覆そうとしたり、実行に移される段階で邪魔をしようとするタイプの人です。このレベルまでくると、もはや組織人のワクを超えた問題社員です。

タイプ2、3、4のような人を発生させないためにも、できるだけ全員の合意を得ることが望ましいのです。しかしながら、同じ会社のメンバーとは思えないほど、メンバー同士が敵対することもあります。

そこで会議では、末端の細かすぎる議論を延々とするのではなく、**常に共通の目的に戻って、そもそも会社としてどこへ向かうのかを共有する**必要があります。

たとえば製造会社における、営業部と製造（生産）部との話し合いなどはその典型です。営業部は売上げを最大化するために、販売機会を逃したくありません。受注をしたときにすぐに商品を揃えてスムーズに出荷ができるよう、できるだけ商品在庫を備えておきたいと考えます。

逆に製造部は、むだな商品をつくらず、在庫を最小限に留めることを考えます。売れるか売れないかわからない商品を在庫にしておきたくない、というのが本音です。

このように、在庫を持っておきたい部と、持ちたくない部で議論をしても平行線のままで、合意に至ることはありませんが、そもそも「会社では何をどうしたいのか」という原点に戻ると、「利益を最大化する」という点で一致した目的に気づくことができます。**利益を最大化するという共通の目的を追求する**ためには、売上げを増やすことも大切ですが、在庫を削減してコストを低く抑えることも必要になり、そのバランスこそがもっとも大切だということがわかります。

このように、営業部と製造部という、部レベルでの方向性が合わない場合は、その上の階層に戻って議論をすると、同じ土俵で建設的な話し合いができるでしょう。くわしくは10章で見ていきます。

質の高い合意形成を目指すために、参考にしていただきたいガイドラインが、『会議が絶対うまくいく法』（マイケル・ドイル&デイヴィッド・ストラウス著／日本経済新聞社刊）に掲載されていますので紹介しましょう。

①自分の考えを通すために、他人を言い負かそうとしないこと。自分のアイデアを弁護する前に、他の人の反応をよく聞くこと。

②議論が行き詰まったときに誰かの意見を採用し、誰かの意見を捨てなければいけないと考えず、代わりに全員が納得するような方法が他にないか考えること。

③衝突を避けて調和を保つ目的で、自分の意見を変えてはいけない。客観的かつ論理的にみて納得できるときにだけ、意見を変えること。

④仲間内の衝突を避けようとして、多数決、平均をとる、コインを投げて裏表で決める、交渉す

るなどのテクニックを使わないこと。

⑤意見の違いは自然のことで必ずあると考えよう。反対意見のおかげで視野が広がり、情報が増え、グループとして最善の解決策に到達することができる。

5章のポイント **会議をスムーズに進める**

●会議の進行は「意見出し」→「意見の整理」→「意見交換」と「議論の深掘り」→「合意形成」の順

◎意見出し……いろいろな立場の参加者から多くの意見を出してもらう。出された意見は「見える化」して参加者に周知させる

◎意見の整理……「意見の集約」「意見の関連づけ」「意見のレベル合わせ」の3点に留意して意見を整理して、次の議論に進める

◎意見交換・議論の深掘り……結論に導くために、議論を「縦」に深める

◎合意形成……決定事項をスムーズに実行するために、参加者が「ウィン・ウィンの関係」になるよう心を配る。常に共通の目的を意識する

6章

会議後のファシリテーション・ステップ

1 決定事項の確認と今後の計画

本章では会議終了時から、会議後のフォローアップまでのステップを見ていきます。

なお、ファシリテーターの役目は会議運営までで、その後のフォローアップは必要ないという考えもありますが、組織を変革するビジネスリーダーとしての力をつけるためには、会議が終わってからも、その後の**実施状況をマネジメントできなければならない**と私は考えているため、ファシリテーションのステップに含めています。

◉会議で何が決定されたのか

会議で議論の結果、合意形成がなされたとしても、その内容が曖昧では、会議の本来の目標は達成されていません。ある販売会議の次のような結論は、実効性があると言えるでしょうか。

「新商品を開発して、全社で販売促進キャンペーンを実施する」

これが会議で決まった結論であれば、おそらくこの後、何も進まないでしょう。進んだとしても、詳細を決めるためにまた別に会議をしなければなりません。

たとえば、「新商品」とはいったい、どんな商品なのでしょうか。「全社で」とはどこまでを指すのでしょうか。社長から現場の社員まで含むのか、また横の部門としては総務、人事、生産、営業、財務など、どの範囲までを含むのかまったくわかりません。「販売促進キャンペーン」も、どのようなキャンペーンをするのかわかりません。これらの内容を具体的に決めないと、次の行動に移ることはできないのです。

よく会議の場で大まかな方針だけを決めて、後は担当者に任せるということがありますが、これほど担当者泣かせの結論はなく、このような決定を下す人たちが自らの責任を逃れていると思われても仕方ありません。

このような曖昧な決定を避けるために、**会議での決定事項は5W1Hを意識**すれば、次の行動を起こしやすくなります。5W1Hとは言うまでもなく、「いつ」「どこで」「誰が」「何を」「なぜ」「どのように」です。たとえば次のような表現にするとどうでしょうか。

「売上増強のため（**なぜ**）、研究開発部は（**誰が**）3月末を（**いつ**）目標に新商品Xを完成させる（**何を**）ものとし、夏の販売開始に向けて、営業部とマーケティング部が（**誰が**）6月に（**いつ**）得意先5店舗で（**どこで・どのように**）販促キャンペーン（**何を**）を行なう」

また、曖昧言葉を使うことがよくありますが、曖昧言葉は要注意です。たとえば、「活用する」「強化する」「推進する」「充実する」「検討する」「配慮する」「調整する」「促進する」「徹底する」「取り組む」「協力する」「図る」「できる限り」「積極的に」「関係各部」などという言葉は、とても立派な表現のようですが、このような言葉が出てくると決定事項が抽象的になりがちです。

「販売を強化する」「全社で積極的に取り組む」「今後も検討する」「関係各部にて徹底する」と

結論づけても、誰が何をどの程度すればいいのかまったくわかりません。このような曖昧言葉を使うときこそ、5W1Hに注意する必要があります。

◉「誰がいつ何をするのか」を確認する

会議で最終的に合意に達したら、その日の決定事項を全員で確認します。しかし、決定事項の確認だけで終わってはいけません。

会議で結論は出たものの、誰も何も行動を起こさないということもよくあるため、その決定を受けて誰が何をするのかを確認しなければなりません。とくに、複数の部門にまたがって参加者がいる場合は、各部ごとに何をしなければならないかを確認します。**ファシリテーターは関係各部が何をすべきかを確認し、それを遂行するようマネジメントする**ことも必要です。

先ほどの「売上増強のため、研究開発部は3月末を目標に新商品Xを完成させるものとし、夏の販売開始に向けて、営業部とマーケティング部が6月に得意先5店舗で販促キャンペーンを行なう」では、ファシリテーターは次のように各部ごとにステップを確認します。

ファシリテーター　それでは、今回の会議の決定を受けて、まず研究開発部は3月末を目標に新商品Xを完成させるのですが、実際、生産はいつからはじめることができそうですか。

研究開発部・新田　今週中に仕様を固めて、来週の経営会議で承認を得るスケジュールを組みたいと思います。実際に生産に取りかかるのは、その1ヶ月後になると思います。

ファシリテーター　では、6月のキャンペーンに向けて、営業部とマーケティング部はどのように業務分担をされるのですか。

営業部・本松　営業部では早速、今週中にキャンペーンをする5店舗を抽出し、各店舗に了承を得るための説明に行きます。そのための企画書も、今から作成に取りかかりたいと思います。

マーケティング部・大森　マーケティング部では、来週中にキャンペーンの内容を固めて費用の算出を行ないます。

このように、会議での決定を受けて関係各部が具体的にどのようなアクションを起こすかを全員が把握していれば、決定事項が放置されることなくスムーズな進捗が期待できます。また、各部のアクションがどのように遂行されているかを確認する、進捗会議を設けてもいいでしょう。

2　議事録を作成・配布する

会議で決まったことは共通の記録として、議事録に残します。議事録は、「（一般的な）議事録」「議事要約録」「逐語録」の3種類に分けられます。

「（一般的な）議事録」は、決まったことを簡潔にまとめたものです。書くのに時間がかからないため、すぐに作成できます。「議事要約録」は決定事項だけでなく、決定に至る大まかな議論を要約して記載します。たとえば、賛成意見と反対意見のおおまかな議論を掲載し、どのような経緯があったのかがわかるようにします。「逐語録」は一言一句書き起こします。会議を録音し、あとで書き起こすために膨大な時間がかかるため、よほどの会議でない限り作成はしません。

私は、ファシリテーターが議事録まで作成する必要はなく、書記を任命すればよいと考えていますが、実際にはどの企業も人員が足りない中で業務を行なっていますので、議事録を作成する人がいないという現実もあります。

しかし、決定事項をその場の記憶だけに頼るのはきわめて危険です。あとで「言った」「言っていない」、「知っていた」「知らなかった」という水かけ論にならないよう、何らの形で記録を残しておく必要があります。

そのような場合、ファシリテーターが議事録を作成するということも発生します。ファシリテーターとしては、**決定事項のみを記載した書類の作成**だけで十分でしょう。細かい発言を後日確認する必要があれば、ボイスレコーダーを用意し、不明な点はあとから聴き直せばわかるようにすれば事足ります。

また最近では、ホワイトボードに記入したメモをデジカメで撮影し、記録として残す方法もあります。ホワイトボードのメモ書きを見れば、ある程度議論の流れを思い出すことができます。ただでさえ忙しい中で、アナログ的な議事録を作成するよりも、デジタル機器を活用し、効率的な運用を心がけたいものです。

ただし、デジカメで撮影したものは、あくまでもファシリテーターや参加者の記録としておき、正式な議事録としての扱いにしないほうが無難でしょう。議事録は、場合によっては会議の参加者以外の人や、経営幹部などにも転送されることがあるため、画像データが議事録として受け入れられるのはまだむずかしいと思われます。

議事録は会議後、できるだけ早く出席者へ配信しなければなりません。毎日さまざまな会議があり、多くの会議に出席している参加者からすると、記憶がなくなる頃に議事録が配信されても、「いったい、いつの何の会議だったのか」「これからどうすればいいのか」と戸惑うこともあり、遅くなればなるほど、議事録の意味は薄れてしまうからです。

また、正式な議事録を配信する前に、参加者の記憶が鮮明なうちに、**仮の議事録で内容の確認**をしてもらったほうがいいでしょう。会議の場の言葉と書面上の言葉ではニュアンスが違うこともあり、違う解釈をしてしまうと、あとでトラブルになることもあるからです。確認してもらってから正式な議事録として配信すると、トラブルを避けることができます。

以上のように、議事録の役割はたいへん重要です。会議の証拠・履歴を残すためにも、議事録を作成することを心がけましょう。

3　参加者への個別フォローを怠るな

ファシリテーターとして社内で良好な人間関係を築くためには、会議のあとの個別フォローはきわめて有効です。

会議の場は、ファシリテーターにとって、1対多数のコミュニケーションの場です。1対1のコミュニケーションであれば、お互いにわかり合って、2人で議論を進めることができますが、会議の場はファシリテーター1人に対して参加者が複数名という構図です。

ファシリテーターは、参加者全員と公平なコミュニケーションを取らなければならないので、1人だけに重点を置くことはできません。そのようなことをすると、「中立で公平」な立場を守れなくなるからです。ですから、参加人数が多ければ多いほど、1人あたりに対するコミュニケーション量は少なくなります。

会議の場で、ある参加者に特別に気遣いをしたくても、できないことがあります。たとえば、言いたいことがあっても、結局言えなかった人や、発言が否定されたり、批判されて気分を害している人、あまり積極的に参加しなかった人などに対しては、会議が終わってからファシリテーターとして何らかの対応をしておかなければなりません。

ファシリテーターの役割は、会議の場でそのような人が発生しないようにすることですが、ファシリテーターの努力だけで防ぐのはむずかしいことも事実です。そのような場合には、ファシリテーターは、**会議が終わってからそれらの人のところへ出向いて、個別に話をしてフォローする**ことも重要な役割です。

たとえばある参加者が、自分の意見を否定されたり批判されたとしても、決してその人が責められたわけではなく、そのような意見があったからこそ他の人が発言をし、議論が活性化したのだとその参加者をフォローして、次回の会議への参加意欲を回復させることも大切です。

また、気分を害している人以外の参加者のところにも足を運んで、**会議を振り返ったり、決定事項の今後の進め方などの意見交換をする**といいでしょう。

このような個別フォローをすることで、ファシリテーターへの信頼感が高まり、今後の会議運営にとってプラスになります。ファシリテーターと参加者との良好な関係は、会議の場だけで構築することはむずかしく、**会議以外の場でのコミュニケーションも重要**なのです。

4　参加者以外の関係者とコミュニケーションを取る

会議での決定事項については、本来、各参加者が自分の上長へ報告するのが組織としてのあり方ですが、報告を怠って議事録だけを渡したり、報告自体を忘れてしまうような参加者もいます。

一番厄介なのは、会議に参加した部下から決定事項の報告を受けていない上長が、「自分は何も知らない」「そんなことは自分は了承していない」と、会議の決定事項に対してクレームをつけてくることです。

私は、過去に次のような経験をしたことがあります。組織を横断したある会議で、関係各部にまたがる重要な決定がなされた後、ある部の担当者が上長に決定事項を報告していなかったときの話です。

その部は、外部業者に対して資材を発注するのが仕事です。関係各部の担当者が集まったプロジェクト会議の場で、ある資材を発注することが決まり、発注業務がその部へ託されたのですが、その上長が部下からしばらく報告を受けておらず、発注直前になって、「そんなことを決められても、私は話を聴いていないからその発注は認められない。放っておけ」ということがありました。

しばらくしてもその資材が入ってこないため、担当者に確認したところ、「私は発注の手配はしましたが、上司のところで止まっていると思います」という回答が返ってきました。

まさかの事態にびっくりした私は、その上司のところへ行き、すぐに発注してもらうよう依頼しました。しかし、その上司は私に向かって、「何で勝手に決めるんだ。そんなことは聴いていない」と激しく怒鳴りつけたのです。

私は、会議の開催経緯、目的などをひと通り説明したあと、すぐに発注しないと全社的に仕事がストップし、お客様にも迷惑がかかる旨を説明し、ようやく納得してもらいました。

この問題は、本来であれば、その部の部内コミュニケーションの問題です。しかし、同じプロジェクトや会議に関わる者として、また、それらを成功に導くための過程をマネジメントする立場のファシリテーターとしては、報告漏れといった事態を放置してはなりません。**会議の決定事項が確実に関係各部のトップに伝わり、次の行動にスムーズに移ることができる**よう、目を配らなければならないのです。

組織のレポートライン（報告をする縦の関係＝誰が誰に報告をするかという上下関係）にもよりますが、上長に会議の決定事項が確実に報告されていない場合は、ファシリテーターが各部の上長へ会議結果について報告をすることも効果的です。ただし、担当者を通り越して、その上長にファシリテーターが直接報告をするのは、レポートラインを逸脱することになるため、その際には、**会議に参加した当事者が上長に報告する場面に同席する**ようにすればいいでしょう。担当者の報告に補足があれば、ファシリテーターからつけ加えれば、上長の理解も深まり納得度も高まります。

このように、ファシリテーターが会議後に各部内での理解を確実なものとするために、個別にコミュニケーションを取ることで、関係各部からの信頼もさらに高まります。

5 決定事項の実施状況を確認する

ファシリテーターは、決定事項の内容にもよりますが、会議で決まったことがその後、関係する部署で実行されているか、進捗が遅れていないかなどの実施状況の確認を行ないます。もし、実施されていなかったり、進捗が遅れている場合には、障害になっていることがあるかどうかを確認し、障害を取り除くには何をすればいいのか、一緒に考えていきます。

前記の4で見た資材の発注漏れも、決定事項の実施状況の確認を行なったことで大きな問題にならなかった例です。

では、会議の決定事項が確実に進められるためには何が必要なのでしょうか。それは、1で見た「決定事項の確認と今後の計画」に沿った実施状況の確認です。


前述した例をもう一度取り上げてみます。「売上増強のため、研究開発部は3月末を目標に新商品Xを完成させるものとし、夏の販売開始に向けて、営業部とマーケティング部が6月に得意先5店舗で販促キャンペーンを行なう」というのが決定事項でした。

その決定を受けてファシリテーターは、会議の最後の場で以下の確認を行ないました。

研究開発部：3月末を目標に完成を目指す新商品Xの生産は、今週中に仕様を固めて、来週の経営会議で承認を得る。実際に生産に取りかかるのは、その1ヶ月後の予定。

営業部：今週中にキャンペーンをする5店舗を抽出し、各店舗に対して了承を得るための説明に出向く。そのための企画書も今から作成に取りかかる。

マーケティング部：来週中にキャンペーンの内容を固めて費用の算出を行なう。

研究開発部と営業部の実施事項の中に、今週中というものがありました。ファシリテーターは、**この期限に関するキーワードを見逃してはならない**のです。各部任せにするのではなく、各部に対して進捗状況を確認すると、全体のスケジュールを把握することができます。

たとえば研究開発部では今週中に仕様を固めるとあるので、週末に担当者に、「先日の会議で今週中に仕様を固めるとのお話をいただきましたが、仕様は固まりましたか」と確認すればいいのです。次に営業部には、「キャンペーンを実施する5店舗は決まりましたか」と確認します。またマーケティング部に対しては、キャンペーンの内容を固めるのが来週であったとしても、「キャンペーンの内容はある程度固まってきましたか」というように進捗の確認ができます。

本来であれば、業務の進捗確認は各部でなされるものですが、関係部門がまたがるプロジェクトや会議に関しては、ファシリテーターが全体を俯瞰して管理するといいでしょう。

ファシリテーターの仕事は単に会議の進行だけでなく、**会議の決定事項が放置されず、きちんと実施されているかも含めて全体をマネジメントする**ことです。これがレベルⅠ（会議のファシリテーター）からレベルⅡ（チームのファシリテーター）、レベルⅢ（組織のファシリテーター）へとステップアップしていくことにつながるのです。

6　ファシリテーター自身へのフィードバック

最近、人事評価や人材育成で360度評価を取り入れる企業が増えてきました。

これまで人事評価は、上司から部下というのが一般的でした。その上司を評価するのは、さらにその上司という構図です。上司のマネジメントの影響を直接受ける部下が、上司のマネジメント力を評価するということはありませんでした。しかし最近では、部下からの客観的な評価を参考にしている企業が多くなっているのです。

上司が自分のマネジメント力を自分で評価すると、どうしても甘くなってしまいます。しかし部下からは、まったく逆の評価がされているということが多々あります。

人は、自分のことを客観的に見ることはなかなかできないものです。そこで、上司が客観的に自分を見つめ直すために、部下による360度評価を活用するのです。

これと同じように、会議の場におけるファシリテーションの出来・不出来や、ファシリテーターのスキルについては、ファシリテーター自身ではわかりません。たとえ自分ではうまくいったと思っても、参加メンバーはそう思っておらず、自己満足に終わってしまうこともあります。ビデオで撮影してあとから振り返ろうとしても、膨大な時間が必要ですし、効率的とは言えません。

そのような場合、ファシリテーターは**参加者から率直な意見をもらう**ようにしましょう。ファシリテーションに対する、参加者からの360度評価です。

ただ単に、「よかった」「悪かった」という感想に留まらず、「時間配分は適切だったか」「進め方に問題はなかったか」「参加者の意欲は高まったか」など、さまざまな観点からフィードバックしてもらうのです。この第三者からのフィードバックがないと、客観的な振り返りができないため、ファシリテーターの成長にはつながりません。第三者の視点を恐れず、ネガティブなフィードバックも歓迎し、それを自分のために取り入れる意思があってこそ、自らの成長になります。

フィードバックをしてもらう際には、参加者に自由に話をしてもらうこともあれば、フィード

■ファシリテーターへのフィードバック表(例)

	チェック項目	5段階評価
1	会議に参加しやすい場づくりはできていたか	5･4･3･2･1
2	参加者が会議の目的を理解し、目的に向かって会議に臨もうという動機づけができていたか	5･4･3･2･1
3	参加者全員から意見を引き出すことができたか	5･4･3･2･1
4	本来の議題から脱線することなく議論を進めたか	5･4･3･2･1
5	参加者一人ひとりの気持ちに配慮できたか	5･4･3･2･1
6	わかりにくい発言に対しては、参加者が理解できるように質問・説明を適切に行なったか	5･4･3･2･1
7	発言を「見える化」し、議論の全体像把握に努めたか	5･4･3･2･1
8	議論を論理的に捉え、意見の整理を行なうことはできたか	5･4･3･2･1
9	合意形成は全員が納得することができたか	5･4･3･2･1
10	時間管理を確実に行ない、時間内に会議を終わらせたか	5･4･3･2･1
	合計	

バック表を用意して、客観的な基準を設けて測定することもできます。

自らのファシリテーション・レベルを過去と比較検討するためにも、第三者からのフィードバックを取り入れて、自分自身のファシリテーション・スキルのレベルを把握しましょう。

上表はファシリテーターへのフィードバック表の一例です。

自分で気になるテーマを取り上げて独自のフィードバック表をつくってもかまいませんが、自分では見落としそうな視点を漏らさないためにも、標準的な質問を取り入れた表を使うといいでしょう。

6章のポイント　会議終了後、何をすればいいか

①決定事項について、「誰が何をするか」を確認する
②議事録をなるべく早く作成し、参加者に配布する
③参加者と円滑な人間関係を築くために、個別フォローをする
④会議の決定事項が参加者の上長に伝わっているかを確認する
⑤決定事項の実施・進捗状況を個別に確認し、全体をマネジメントする
⑥自分のファシリテーションについて、参加者から率直な意見をフィードバックしてもらう

7章

会議をコントロールするスキル

1 コミュニケーションをよくする「傾聴のスキル」

会議は人と人とのぶつかり合いです。同じ会議でも、人との関わり合いによって結果は大きく変わってきます。したがって、ファシリテーターにとって対人関係のスキルはきわめて重要な要素となります。

対人関係のスキルはファシリテーションの場だけでなく、部下指導、お客様との商談、同僚との対話をはじめとするさまざまなコミュニケーションの場においても必要とされるものです。これまで開発されてきた、さまざまな対人コミュニケーション・スキルはファシリテーションにも応用されており、この章ではそれらの重要なスキルを見ていきます。

「傾聴のスキル」は、対人コミュニケーションをテーマにした書籍には必ず出てきます。傾聴で言うところの「きく」は「聞く」ではなく、「聴く」を使います。「聴く」という文字には「耳」と「目」と「心」という漢字が含まれています。耳だけの「聞く」ではなく、目や心を使い全身全霊で「聴く」ことが必要なのです。

では、傾聴の一番の基本は何でしょうか。まずは「相手を見る」ということです。人の話を聴くときに相手の目を見ない人がいますが、これは相手に対する遠慮であったり、謙虚さであるかもしれません。また、じっと人の目を見ることが苦手という人もいるかもしれません。しかし、人と話をするときに相手の目を見ないと、相手からすると本当に聴いてくれているのかどうかわかりません。**熱意や真剣さはまず目に現われる**ということを意識する必要があります。

では、傾聴において必須となる三つのスキルをマスターしましょう。これは積極的傾聴（アクティブリスニング）と言われるものです。

①**うなずき**：うなずくことは、至ってシンプルなスキルです。相手が話をしているときに、ただ「うんうん」と首を縦に振るだけです。相手の話や感情に応じて、テンポよくうなずいたり、「う～ん」と深くうなずいてみましょう。うなずくと、相手は自分の話を聴いてもらっていることを理解します。また、自分の話を親身になって聴いてくれる人に対しては自然と好意を持ちます。

②**あいづち**：あいづちは相手の話に合わせて、「へ～」「そうなんですか」「すごいですね」と声に出して短く反応することです。あいづちのコツはテンポよくすることです。

③**オウム返し**：「繰り返し」「復唱」と言う場合もあります。「オウム返し」とは、相手が言ったことを単純に繰り返すだけです。しかし、相手の言葉を一言一句聴き逃さないようにすることは不可能なので、主語と述語やキーワードに注意をしながら意味をつかんで、それを伝え返すことが重要です。

たとえば、会議の場で以下のような発言があったとします。「私はこのプロジェクトの担当になってから、毎日残業ばかりしているのですよ」。このあとに、「あなたはこのプロジェクトに関わってから残業が増えたのですね」と返すと、確実に聴いているということが伝わります。まったく同じ文句ではなく、少し表現を変えて繰り返すことがポイントです。

2 会議を進展させる「要約のスキル」

「要約のスキル」には、大きく三つのパターンがあります。1人の発言を要約するスキル、2人以上（複数名）の発言を要約するスキル、そして会議全体の内容を要約するスキルです。

①1人の発言を要約する

短い発言や簡単な発言であればオウム返しで十分ですが、会議の場は短い発言ばかりではありません。相手の発言が長くなればなるほど、それを聴いているメンバーの意識は分散し、聴きとるキーワードが異なって理解がバラバラになることがありますので、全員の理解を共通のものにするためにも、ファシリテーターが発言内容をまとめて伝え返すことは有効です。

たとえば、次のような発言があったとします。

田中　だから、私は最初からもめると言っていたのですよ。業績不振で、何とかしなければ会社の存続自体が困難になることは理解しています。でも、こんなたいへんな時期に投資をして新しいプロジェクトを実施すること自体に無理があると思うのです。

社長は、早く新規プロジェクトを立ち上げるように私たちにハッパをかけますが、社長は現場のたいへんさがぜんぜんわかっていないと思います。新規投資どころか、財務担当の役員からは顔を合わせるたびにコスト削減ばかり言われます。しかも既存の仕事も大詰めで、お客様への対応が一番重要なのです。このような状況の中で、いったい何をどうすればいいのやら……。

ファシリテーター　田中さんは、会社が危機的状況にあるのはご理解されておられますが、この多忙の中で打開策として何をしていいのか、まだ思いつかないのですね。

＊

田中さんには、いろいろと言いたいことがありそうですが、結局、田中さんが言いたいのは、「会社が危機的な状況の中で、何をしていいのかわからない」ということです。ファシリテーターはそこを捉えて参加者に理解を促す必要があります。

②2人（複数名）の発言を要約する

会議の中で意見の対立する2人、もしくは複数名による発言の応酬がはじまることがあります。このような場合、他の参加者が発言しにくくなり、場の雰囲気が悪くなることもあります。そこでファシリテーターは、時間の浪費を防ぐためにも、両者の言い争いを取りまとめて要約する必要があります。このときのポイントは両者の立場の違いを明確にし、何が論点になっているのかを参加メンバー全員に理解させることです。お互いの感情にも配慮する必要があるため、1人の発言を要約する場合より、スキルは高度になります。

人事課長　私は、現時点で営業部員を補充する必要はないと思います。

営業部長　何を言っているんだ。営業部は限られた人数でどれだけ苦労しているのか、わかっているのか。

人事課長　それは、たまたま商品が欠品したから、お詫びの対応に追われているからではないのですか。生産が追いつけば少しは落ち着くでしょう。

営業部長　生産が追いついたら、今度は新規開拓だ。売上げが落ちているから少しでも多くの販売先を開拓して落ち込みをカバーしなければ……。そのためにも、営業部員の補充が必要なんだ。

人事課長　売上げを増やす方法は何も新規開拓がすべてではないと思うのですが……。

営業部長　君は営業に出たことがないから、そんな気楽なことが言えるんだ。一度、われわれと一緒に同行してみたらどうだ。そうしたらわれわれの苦労がわかるよ。

人事課長　そんなこと言われても、私は営業ではありませんし、人事制度や社員教育の見直しで忙しいんですよ。あなたこそ社員研修を一度経験されてはどうですか。営業のスキルを高めるいいチャンスになりますよ。

営業部長　何を言っているんだ。うちの営業は能力の高い者ばかりだ。人事部のむだな研修につき合っていられるか！　とにかく人が足りないんだ。

人事課長　むだな研修とはどういうことですか！

ファシリテーター　ちょっと待ってください。営業部では現在の欠品対応や将来の新規開拓要員として人員の補充が必要だと考えているのですね。それに対し人事部では、補充の前にまだできることがあると考えているのですね。では、人員を補充する場合と補充しない場合とで、それぞれどのようなメリットとデメリットがあるか、参加メンバーで一緒に考えてみませんか。

＊

ファシリテーターは2人の言い争いの要点をまとめて論点を明確にし、感情的な言い争いから会議の参加メンバーによる客観的な議論へと方向性を変えようとしています。

対立する二者の言い争いになった場合は、もともと話し合うべき内容に感情のもつれも入り、まったく違う議論になってしまうことがあります。その場合は、ファシリテーターが介入して両者の言い分をコンパクトに取りまとめなければなりません。

③会議全体の内容を要約する

会議全体の内容を要約するスキルは、これまで話し合われてきた内容をコンパクトに要約して、参加メンバー全員に共通の理解を促すスキルです。このスキルは、「会議が紛糾しているとき」「意見が出尽くして場が静かになったとき」「会議がダレて膠着状態に陥ったとき」「会議途中で参加者が遅れて入ってきたとき」「ファシリテーター自身が会議の内容を確実に把握しているか確認したいとき」などの場面で使います。

ファシリテーター　それでは意見が出尽くしたようですので、ここで議論を振り返ってみたいと思います。本日の会議では営業部の人員を1人増員するかしないかを決めることが目的ですが、営業部では欠品時のお詫びだけでなく、新規開拓に注力するためにも増員が必要だと考えていらっしゃいます。一方人事部では、一時的な状況だけで増員をするのはリスクがあるため、まずは増員しなくてもできることを考えたほうがいいとおっしゃっています。

ここまでのところはよろしいですか？

＊

このように会議を振り返るときは、**まず会議の目的を再度明確にしておく**のがコツです。それから要約し、最後に、「ここまでのところはよろしいですか？」と参加者に質問をします。**要約が合っているかどうかを確認するためにも、最後に質問をする**ことは有効です。

以上が要約のスキルですが、実際にやるのは相当むずかしいスキルです。会議中のすべての発言を覚えることなどまずできませんし、会議の目的に合致した発言を整理して簡潔に述べなければなりません。このときに活躍するのが、9章で述べる「議論の見える化」のスキルです。それを見ながら重要なポイントを要約すると、参加者の理解も深まります。

3 参加者を巻き込む「質問のスキル」

ファシリテーターにとって、もっとも重要なスキルのひとつに「質問のスキル」があります。

質問のスキルが高ければ高いほど、優れたファシリテーターと言えるでしょう。質問によって会議の流れを変えたり、参加者の意欲を引き出したり、発言を促すことができます。

まず質問は、大きく二つの種類に分けることができます。クローズド・クエスチョンとオープン・クエスチョンです。

クローズド・クエスチョンは、相手がイエスかノーで答えることができる質問で、事実関係や相手の意思を確認するときに有効です。たとえば、営業会議で今月の目標数値の達成がむずかしい営業担当者から次のような発言があったとします。

「今月は、山本コーポレーションが新商品を投入したので、売場の中でもよい場所を取られてしまいました。それに対抗して小林商事も安売りを仕掛けてきたのでかなりの激戦です」

このときにクローズド・クエスチョンで、「あなたは今月の目標数値達成はむずかしいと考えているのですね」と質問をすると、相手は「はい」か「いいえ」のどちらかで答えるので、結論が明確になります。また意思を確認する質問としては、「今年度の目標数値は必ず達成してくれますか」と質問をすると、相手は、「はい」「いいえ」で自分の意思を伝えることになります。

クローズド・クエスチョンは物事を明らかにしたいときに有効ですが、こればかりを使うと相手は追い込まれているような心境になります。また会話に発展性がないという特徴もありますので、使い方には注意が必要です。

オープン・クエスチョンは、相手が自分で自由に考えて質問に答えるので、**話を広げたり、発**

展させたりするときに有効です。

オープン・クエスチョンは5W1Hを使って質問をします。たとえば、「あなたは山本コーポレーションの新商品に負けないためには**何をすればいい**と思いますか」は、Whatで質問をしていますか。Whatの他にも、「あなたは売上げを達成するために**どのような**工夫をすればいいと思いますか」のようなHowを使った質問をすれば、発展的な答えが期待できます。

オープン・クエスチョンで気をつけなければならないのは、Whyを使う質問をするときです。「**なぜ**、あなたは今月、売上達成できなかったのですか」「**なぜ**、もっと販売努力をしないのですか」という質問は詰問になってしまい、相手を追い詰めてしまうことになるため、使い方には注意が必要です。

このオープン・クエスチョンとクローズド・クエスチョンは個別に使うのではなく、組み合わせることによって、効果的な会話をすることができます。

クローズドとオープン：**A**「あなたは、競合他社の山本コーポレーションに勝つ自信はありますか」 **B**「はい。あります」 **A**「では、どのような方法で勝とうと考えているのですか」

〈最初に相手の意思を確認したうえで、具体的な方法の質問をしているので、相手はより真剣に具体的な方法を考えることになる〉

クローズドとクローズド：**A**「あなたは、山本コーポレーションに勝つ自信はありますか」

B「はい。あります」 **A**「山本コーポレーションの営業担当もやり手だけど、あなたならきっとやってくれますよね」　**B**「はい。精一杯頑張ります」

〈クローズド・クエスチョンで本人の意思をより強固なものにすることができるが、多用すると相手を追い込んでしまったり、無理やり言わせてしまうことになるため注意が必要〉

オープンとオープン：A「あなたは、山本コーポレーションの新商品に対してどのような方法で対抗しようと考えているのですか」　**B**「当社の売れ筋商品が欠品して迷惑をかけたことがあったのですが、ある程度の数量を確保して品切れにならない体制を取ることで信頼を挽回したいと思います」　**A**「それはいい考えですね。どれくらいの数量を確保しようと考えているのですか」　**B**「１ヶ月分の在庫は確保しようと思います」

〈オープン・クエスチョンで自分で考えたことに対し、さらにオープン・クエスチョンをすることでより具体的な答えを引き出すことができる〉

オープンとクローズド：A「あなたは、山本コーポレーションの新商品に対してどのような方法で対抗しようと考えているのですか」　**B**「当社の売れ筋商品が欠品して迷惑をかけたことがあったのですが、ある程度の数量を確保して品切れにならない体制を取ることで信頼を挽回したいと思います」　**A**「それはいい考えですね。それで信頼回復はできますか」　**B**「いいえ。これだけでは不十分ですので、もう少し他の方法も考えてみます」

〈クローズド・クエスチョンで、自分で考えたことに対して確認をすることができる〉

このように、オープン・クエスチョンとクローズド・クエスチョンを組み合わせて使うと、話が単調にならず、より効果的な会話にすることができます。しかし、話をしながらいちいち、「次はクローズド・クエスチョンだ」とか、「ここでオープン・クエスチョンに切り替えよう」などと考えることはむずかしいため、ふだんから意識しながら会話するといいでしょう。また、他者の会話を聴いているときにも、この使い分けに注意を向けてみるのも上達の近道です。

4 非言語メッセージを読み取るスキル

会議の参加者は言葉には出さなくても、心の中でいろいろなことを考えたり感じたりしています。心の中を見ることはできませんが、相手の表情や態度などから感じ取ることはできます。

ファシリテーターは、そんな言葉には表われない非言語メッセージを読み取る必要があります。会議中の非言語メッセージにはさまざまなものがありますが、以下の例で考えてみましょう。

①腕を組んでいる：腕を組むということは、自分の心を塞いでいる表われという見方があります。会議自体や参加者に対して抵抗感を抱いているのかもしれません。または、何かを真剣に考えているのか、あるいは単なるクセかもしれません。

このようなポーズを見た場合、ファシリテーターは、「何か言いたいことはありますか」「何か不明な点はありますか」と相手を思いやる気持ちで質問してみるといいでしょう。相手が何を考えているかを知るということで意味のあることです。

②眉間にしわを寄せている：一瞬そのような表情をすることもあれば、終始眉間にしわを寄せたままの人もいるため、分けて考える必要があります。

ある瞬間眉間にしわを寄せる……他の人の発言が聴き取れなかった場合や、発言の意味がわからない場合によく現われます。このような人に気づいたら、「何か聴き漏らしたことはありますか」「何か不明な点はありましたか」と質問するといいでしょう。聴き漏らしやわからないことがあれば、再度発言者に話をしてもらうことで、参加者の理解度を合わせることができます。

会議中ずっと眉間にしわを寄せている……会議以外で何か問題を抱え込んでいるか、会議自体が嫌で、なぜ自分がこんな会議に出席しなければならないのかと思っている可能性があります。「何かご意見はありますか」「何か心配事でもありますか」「どうかされましたか」と相手を思いやる気持ちで質問しましょう。

③あくびをしている：そもそも会議自体に関心がなく、つまらないと思って参加意欲がないのか、あるいは本当に寝不足ということも考えられます。「○○さん。お疲れのようですね」と相手を心配するような声かけをするといいでしょう。

④おどおどしている：何か言いたいことがあるが遠慮して言い出せないでいる、あるいは用事がありり会議を抜けたいと思っている等が考えられます。このような人は、自ら発言をすることはないので、「○○さん。何か言いたいことがありますか」と問いかけると、これまで発言のきっか

けがなかった人に機会を与えることができます。

⑤**ずっと下を見ている**：何か他のことを考えているか、発言を求められることを避けているといったことが考えられます。参加意欲のない人が会議の席にいると他のメンバーに悪影響を与えてしまうため、「○○さん。どうかされましたか」と質問をすることで、その意図を確認してみるといいでしょう。

⑥**身体が前のめりになっている**：発言者の声が小さいので身体を傾けて聴こうとしている、ホワイトボードの字が読みづらい、タイミングを見て発言をしようとしている等が考えられます。いずれも会議に前向きな姿勢ですので、「○○さん。何か言いたいことはありますか」「ホワイトボードで見えにくい箇所はありますか」と質問するといいでしょう。

このように、言葉には表われない非言語メッセージにもさまざまな意味が隠されていますので、ファシリテーターは、それらを敏感に感じ取る必要があります。参加者に配慮ができるファシリテーターかどうかは、この非言語メッセージに素早く対応できるかどうかでわかります。

5 流れを引き戻す「介入のスキル」

参加者の中には、どうしても会議の主旨とは違う発言をしたり、自分勝手な行動を取る人が出てきます。また、参加者同士で言い争いがはじまることもあります。このような場合は、勇気を持って介入しなければなりません。会議をはじめる際に約束事を決めておけば、それにしたがって注意をすることができるので、ぜひ会議の冒頭でルールを決めておくようにしてください。

ファシリテーターの介入方法には、主に以下のようなやり方があります。

①口をはさむ：あまりにも議題からそれてしまったような場合、相手が話の途中であっても、「ちょっと、すいません」と言って、話に割って入ることが必要な場合もあります。しかし少し強引なので、相手の感情に配慮し、気分を害さないように気をつけましょう。

②身体を前に乗り出す：誰かが発言をしているときにいきなり口をはさむのは、ファシリテーターでも勇気がいるものです。そこで、口をはさむのではなく、発言者の発言が終わるタイミングを見計らっているのだということが参加者に伝わるように、身体を前に乗り出します。

③手を上げる：相手が話している最中に、「ちょっと待ってください」「ファシリテーターから一言あります」というサインを、言葉ではなく手の合図で送ります。相手は強引にさえぎられるわけではないため、今話していることを自分の意思で手短に切り上げることができます。

④ホワイトボードに書き出す：相手の発言中に、その話の要点やキーワードをホワイトボードに書き出していきます。参加者や発言者の視線が集まるように、大げさに腕組みをしたり、考えているふりをして書きます。そのうちに参加者の視線が集まってきたら、「今お話されているのは、こういうことですね」と言って話を中断させます。

⑤イエローカードを出す：長く話しすぎた場合や本題から脱線した場合はイエローカードを出す、というルールを決めておくと、ファシリテーターとして介入しやすいでしょう。イエローカードなら、嫌みを感じさせずゲーム感覚で面白く介入できるため、場の雰囲気を壊さずにすみます。

以上、さまざまな対人関係のスキルを見てきました。これらのスキルはファシリテーションだけでなく、さまざまな場面で使えるため、ぜひとも活用してください。

7章のポイント　**会議を円滑にするファシリテーション・スキル**

①人の話をよく「聴く」ことで、参加者とのコミュニケーションをよくする「傾聴のスキル」
②時折それまでの発言をまとめることで、会議を進展させる「要約のスキル」
③発言の内容を明確にしたり、会議の流れを変える「質問のスキル」
④参加者の無言のメッセージを表情や態度から読み取るスキル
⑤会議の流れを本題に引き戻す「介入のスキル」

8章

論理的に考えるファシリテーション・スキル

1 論理的な会議と論理的でない会議

私はファシリテーションを学ぶ人にとって、一番むずかしいスキルは論理的に考えるスキルだと考えています。

会議を通じて議論のプロセスをマネジメントし、また参加者に配慮をしながら、議論の内容が論理的であるかどうかを見ていくのは、正直むずかしいと思います。

世の中にはロジカルシンキングや論理思考といったテーマの書籍が溢れ返っています。また、公開セミナーや通信講座などで「論理思考」について学ぶこともできます。

本を読んだり、テレビや映画を見たり、人の会話を聴きながら、その内容が論理的かどうかをじっくりと考えることは、時間をかければ誰にでもできます。

しかし、会議の場においては、**現在進行形の発言の最中に、参加者の話の内容や議論の方向性が論理的かどうかを、随時把握していかなければならない**のです。発言を聴きながら瞬時に的確に判断することが求められます。そのようなことが完璧にできる人は少ないと思います。

かと言って、会議において論理的に考えることを放棄することはできません。会議の目的に即して、プロセスや会話が論理的かどうかをマネジメントする必要があるのです。そのためには、ふだんから論理的に考えるクセを身につけ、瞬時に的確に判断するトレーニングを積む必要があります。

下記の会話は、ある会社の営業会議の様子です。営業部員は7名いますが、営業部長の大森と営業課長の本松、主任の野谷の3名が集まって会議をしています。論理的な視点を意識して読んでみてください。

◉論理性を欠いた話の展開とは？

大森　今年度の営業目標数値に対して、半年でまだ40％しか達成していない。あと半年で、残りの60％をどうやって達成するんだ。君たち営業部員は、いったい何をやってきたんだ。

野谷　そんなことおっしゃいましても、1日あたりの訪問件数を1件増やしてがんばってますよ。

本松　野谷君が言う通り、営業部員は毎日汗をかきながらがんばっています。これ以上、訪問件数を増やすのは無理です。せめて、あと1人部員を増やしてもらうことはできないでしょうか。

大森　そんなこと言っても、逆に本社からは営業マンの人数をあと1人減らせと言われているんだ。そこを食い止めている俺の苦労もわかってくれんと。

本松　現状の部員では、下半期で60％の売上げを達成するのは困難です。

大森　それなら、いったい何をすればいいいんだ。

本松　人を増やせないのなら、大森部長も大手の得意先に一緒に同行訪問してもらえませんか。そうすれば、売上げも上がると思います。

野谷　やはり、新商品の投入しかないですよ。新商品さえあれば、何とか売上げは挽回できますよ。今年は新商品がなかったので、本当に苦労しています。

大森　新商品を投入する予算がないからな……。では、私も一緒に得意先を訪問するか。

みなさんは、この会議での議論を読まれてどのような印象を持たれたでしょうか。論理的と言えるでしょうか。半年で売上げが予算対比で40％であり、残りの半年で60％を達成しなければならないのに、出た結論が営業部長の同行訪問です。これでは、60％の売上不足をカバーすることは不可能でしょう。

なぜなら、まず売上げが予算対比で40％しかないという原因が明らかにされず、曖昧なままです。「人が足りない」「新商品がない」という言い訳が、売上げの減少にどのように関係しているか不明なのは一目瞭然です。営業部長が同行訪問することで、60％の売上げをカバーできるという根拠もわかりません。

ここで、ファシリテーターの西松が会議に参加したことで、話の展開はどのように変わるでしょうか。

◉論理的な話の展開とは？

大森　今年度の営業目標数値に対して、半年でまだ40％しか達成していない。あと半年で、残りの60%をどうやって達成するんだ。君たち営業部員は、いったい何をやってきたんだ。

野谷　そんなことおっしゃいましても、1日あたりの訪問件数を1件増やしてがんばってますよ。

西松　野谷さん。1日あたりの訪問件数を1件増やしたということですが、具体的にどのお客様を訪問されたのですか?

野谷　ここ最近で、取引金額が減少している得意先を中心に、売上挽回を狙った訪問活動をしています。

西松　取引金額が減少している得意先を訪問すれば、売上げを挽回できる根拠はありますか。

大森　おいおい、取引金額が減少している得意先は、年商が下がっているところばかりではないか。そのようなところに通っても意味がないのではないか。売上げが増えている得意先であれば仕入れも増えるだろうが……。

野谷　たしかにそうですね。いつも、何とか取扱商品を増やしてもらうようにお願いしているのですが、その得意先自体の売上げが下がっているのでは、仕入れも絞っていますよね。でも、少ないチャンスを活かそうと毎日がんばってきたのですが。

本松　大森部長。野谷君が言う通り、営業部員は毎日汗をかきながらがんばっています。これ以上、訪問件数を増やすのは無理です。せめて、あと1人部員を増やしてもらうことはできないでしょうか。

西松　本松さん。営業部員が増えると、なぜ残り60%の目標が達成できるのですか。

本松　それは最近、疎遠になって取引額が減ってきた得意先を重点的に訪問することで、売上げを再度増やすことができるからですよ。

西松　それもわかりますが、今一度得意先をすべて見直して、どの得意先の業績がよく、どこが悪いのか。また、それらの得意先と当社との取引額の増減の関係も確認してみませんか。

本松　それもそうですが……。じゃあ、営業マンは増やしてくれないのですか？

大森　そんなこと言っても、逆に本社からは営業マンの人数をあと1人減らせと言われているんだ。そこを食い止めている俺の苦労もわかってくれんと。

本松　現状の部員では、半期で60％の売上げを達成するのは困難です。

大森　それなら、いったい何をすればいいんだ。

本松　人を増やせないのなら、大森部長も大手の得意先に一緒に同行訪問してもらえませんか。そうすれば、売上げも上がると思います。

西松　大森部長が得意先を訪問することで、どれくらい売上げが上がると思いますか？

本松　営業部長が来れば、10％くらいは上がるでしょう。

西松　なぜ、10％とわかるのですか？　過去に大森部長に同行訪問してもらうことで売上げが10％上がったことはあるのですか？

本松　いや、それは……。

西松　では、部長が訪問すればよいというアイデアは、もう少し検討したほうがよさそうですね。

野谷　やはり、新商品の投入しかないですよ。新商品さえあれば、何とか売上げは挽回できますよ。今年は新商品がなかったので、本当に苦労しています。

西松　野谷さん。昨年度は期待の新商品が振るわなかったから苦労したのでは？　今年は新商品を投入して本当に挽回できるのですか？

ファシリテーターが入るだけで、これまでの議論がいかに論理的でなかったかがわかります。でも、読むと簡単そうですが、これが実際に現場でできるかというと、相当むずかしいと思います。しかし、むずかしいと言って挑戦しないのでは進歩はありません。

まずは、論理的に物事を捉えるクセをつけなければなりません。論理思考・ロジカルシンキングの具体的な内容は専門書・解説書に譲るとして、ここではファシリテーターにとって最低限必要な基礎知識を見ておきたいと思います。

2　帰納法と演繹法で主張を裏づける

帰納法とは、**共通点がある事実をいくつか取り上げ、そこからルールを導き出したり、一般化すること**です。

たとえば、前述の会議が以下のようであればどうでしょう。

◉帰納法で主張の論拠を示す

大森　今年度の営業目標数値に対して、半年でまだ40％しか達成していない。あと半年で、残りの60％をどうやって達成するんだ。君たち営業部員は、いったい何をやってきたんだ。

野谷　そんなことおっしゃいましても、1日あたりの訪問件数を1件増やしてがんばってますよ。

本松　野谷君が言う通り、営業部員は毎日汗をかきながらがんばっています。これ以上、訪問件数を増やすのは無理です。せめて、あと1人部員を増やしてもらうことはできないでしょうか。

大森　そんなこと言っても、逆に本社からは営業マンの人数をあと1人減らせと言われているんだ。そこを食い止めている俺の苦労もわかってくれんと。

本松　しかし、営業部では過去5年間に3度、営業マンを増員しましたが、そのつど、売上金額が上がったではありませんか。5年前は30％、3年前は40％、昨年は45％も売上げが上がりました。今回も営業マンを1人増やせば効果はありますよ。

このように、単に「営業マンを1人増やせ」と主張するよりも、「過去5年間で3度、営業マンを増員したが、増員した年はすべて売上金額が増えた」という事実を示すと、「今回も営業マンを増やせば売上金額が上がる」という主張は簡単には否定できません。

ただし、これはあくまでも推論であり、前提が変わればその妥当性はすぐに崩れてしまうことになります。

■営業マンを増やせば売上げが上がる（帰納法）

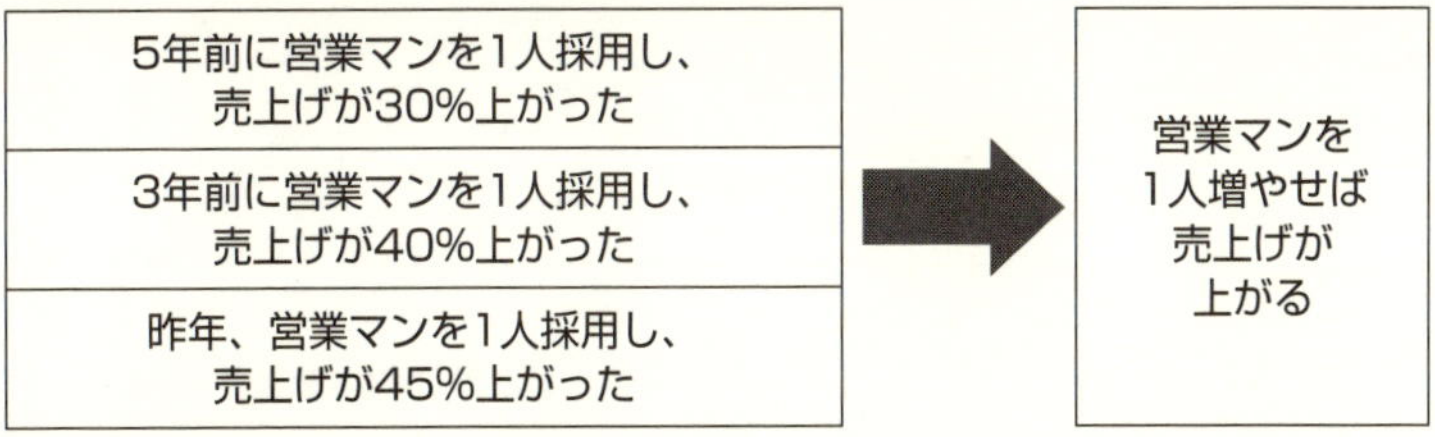
5年前に営業マンを1人採用し、
売上げが30%上がった
3年前に営業マンを1人採用し、
売上げが40%上がった
昨年、営業マンを1人採用し、
売上げが45%上がった
営業マンを
1人増やせば
売上げが
上がる

たとえば、過去に営業マンを増やした結果、すべて売上金額が増えたという事実があったということですが、そのうち1回はその年に大ヒット商品があったという事実が判明すれば、営業マンを増やせば売上げが増えるという主張の論拠は弱まってしまいます。

したがって、営業マンを1人増員したい場合、その根拠として帰納法を使うのであれば、複数の共通する事実は納得感の高いものでなければなりません。

◉演繹法で主張の論拠を示す

次に演繹法ですが、これは**情報を順序立てて関連づけて、そこから結論を導き出す方法**です。同じく前述の会話で見てみましょう。

大森　今年度の営業目標数値に対して、半年でまだ40%しか達成していない。あと半年で、残りの60%をどうやって達成するんだ。君たち営業部員は、いったい何をやってきたんだ。

野谷　そんなことおっしゃいましても、1日あたりの訪問件数を1件増やしてがんばってますよ。

■取引金額が減少している得意先の売上げを回復する（演繹法）

ABC商事の若手営業マン
1人のために
取扱品目を逆転された

その強引な営業手法は
業界で評価されておらず、
マツヨスーパーでは
当社商品が復活した

マツヨスーパーで当社商品が
復活したということは、
他の取引先でも復活する
可能性がある

西松　野谷さん。1日あたりの訪問件数を1件増やしたということですが、具体的にどのお客様を訪問されたのですか？

野谷　ここ最近で取引金額が減少している得意先を中心に、売上挽回を狙った訪問活動をしています。

西松　取引金額が減少している得意先を訪問すれば、売上げを挽回できる根拠はありますか。

大森　おいおい、取引金額が減少している得意先は、年商が下がっているところばかりではないか。そのようなところに通っても意味がないのではないか。売上げが増えている得意先であれば、仕入れも増えるだろうが……。

野谷　実は、取引金額が減少している得意先は、すべてＡＢＣ商事の若手営業マン1人に取扱品目を逆転されてしまったのです。しかし、その強引な営業手法は業界ではあまり評価されていません。実はマツヨスーパーでは、ＡＢＣ商事の営業マンの提案を断って、当社の商品が復活しました。

この場合、「取引金額が減少している得意先は、すべてＡＢＣ商事の若手営業マン１人に取扱品目を逆転されてしまった」という情報と、「その強引な営業手法は業界ではあまり評価されておらず、マツヨスーパーではＡＢＣ商事の営業マンの提案を断って、当社の商品が復活した」という情報から、「ここ最近で、取引金額が減少している得意先を中心に、売上挽回を狙った訪問活動をしている」という主張は、導き出される結論として妥当と言えます。

会議の場で論理的であるためには、発言者が主張を導き出した背景にある情報が必要になってきます。その背景にある情報を少しでも多く引き出すためにも、ファシリテーターの質問は重要です。

3　ＭＥＣＥ（ダブりなくモレなく）を念頭に考える

ＭＥＣＥ（ミーシーあるいはミッシー）とは、Mutually Exclusive and Collectively Exhaustive の略で、物事を考えるときに「重複なく漏れなく」考えるという意味です。

たとえば、人を分類するときに「男性」と「女性」に分ければ、それ以外の性別は存在しないため、この分け方はＭＥＣＥであると言うことができます。

では「学生」と「働く人」という分け方はどうでしょうか。最近は「社会人大学院生」も増えており、「学生」と「働く人」のいずれにも該当します。また、「学生」でも働いている人は、たくさんいます。このように考えると、「学生」と「働く人」という分け方は、MECEにはなっていないことがわかります。

ここでもう一度、先ほどの例を見てみましょう。残り60％を達成するための対策に注意してください。

大森　今年度の営業目標数値に対して、半年でまだ40％しか達成していない。あと半年で、残りの60％をどうやって達成するんだ。君たち営業部員は、いったい何をやってきたんだ。

野谷　そんなことおっしゃいましても、1日あたりの訪問件数を1件増やしてがんばってますよ。

本松　野谷君が言う通り、営業部員は毎日汗をかきながらがんばっています。これ以上、訪問件数を増やすのは無理です。せめて、あと1人部員を増やしてもらうことはできないでしょうか。

大森　そんなこと言っても、逆に本社からは営業マンの人数をあと1人減らせと言われているんだ。そこを食い止めている俺の苦労もわかってくれんと。

本松　現状の部員では、下半期で60％の売上げを達成するのは困難です。

大森　それなら、いったい何をすればいいんだ。

本松　人を増やせないのなら、大森部長も大手の得意先に一緒に同行訪問してもらえませんか。

そうすれば、売上げも上がると思います。

野谷　やはり、新商品の投入しかないですよ。新商品さえあれば、何とか売上げは挽回できますよ。今年は新商品がなかったので、本当に苦労しています。

大森　新商品を投入する予算がないからな……。では、私も一緒に得意先を訪問するか。

半年で営業目標の60％を達成するために出てきた対策は、「訪問件数を増やす」「営業マンの増員」「新商品の投入」「営業部長の同行訪問」の四つのアイデアでした。商品を売る仕事をしている者として考えられる対策がこの四つしかないというのは、ビジネスパーソンとしてはお粗末です。「訪問件数を増やす」「営業マンの増員」「営業部長の同行訪問」というのは、すべて人による解決策であり、これだけで売上げが達成できるかというと、あまり現実味がありません。

このときに役立つのが、マーケティングの4Pです。4Pとはマーケティングの世界では基本中の基本のフレームワーク（考える枠組み）で、**商品（Product）、価格（Price）、販売チャネル（Place）、プロモーション（Promotion）**のことです。売上げを拡大するために考えられる施策としては、この4Pのすべてにおいて何ができるかを考えなければ、MECEとは言えないのです。「訪問件数を増やす」「営業マンの増員」「営業部長の同行訪問」は、すべてプロモーションの中に含まれてしまいます。MECEであるためには、販売価格はどうするのか、販売チャネルはどうするのかという選択肢も検討しなければなりません。

こうしたフレームワークには、SWOTや3Cなどさまざまなものがあり、いずれもMECEになっているため、ファシリテーターとしてはぜひ知っておきたいものです。代表的なものは9章で紹介しています。

4 ロジックツリーで問題を整理する

ロジックツリーも議論の内容を論理的に整理するのに非常に有効なツールです。

ロジックツリーは解決すべき問題をブレイクダウンしていき、大分類から小分類まで整理していきます。

ロジックツリーには大きな約束事が二つあります。大分類と小分類は違う階層であるため、同じような項目は入らないということと、分類した各項目はMECEでなければならないということです。

前記の例でロジックツリーを使うと、以下のようにさまざまなアプローチが考えられます。

まず、売上げを上げる方策としては、1個あたりの販売単価を上げるか、販売数量を増やすか、もしくはその両方を実施することで実現できます。

売上げ＝単価×数量でブレイクダウンしてみると、左ページ上のような図ができます。

次にマーケティングの4Pを使ったロジックツリーを考えてみましょう。そうすると、左下図

■売上げ＝単価×数量でブレイクダウン

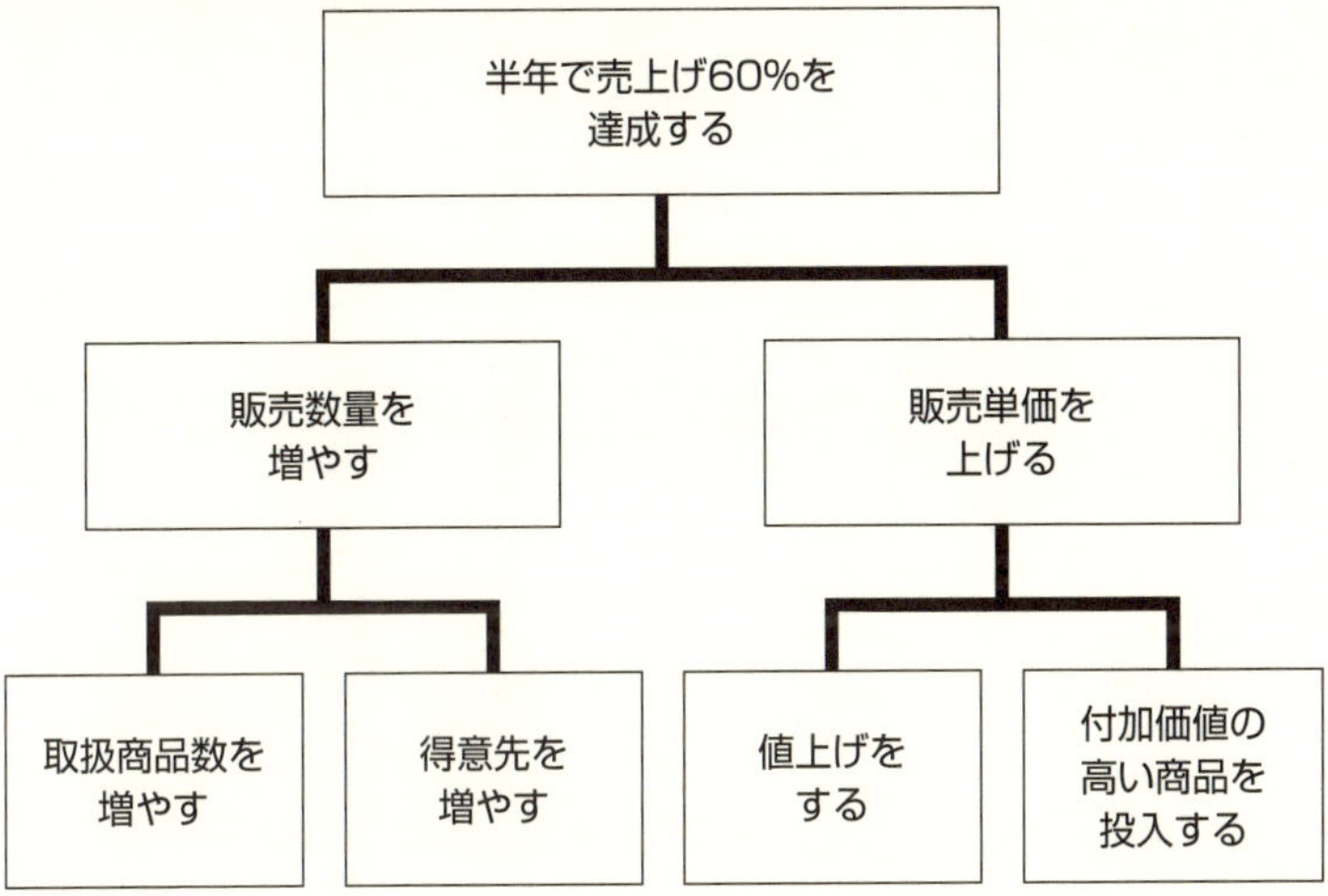

■マーケティングの4Pのロジックツリー

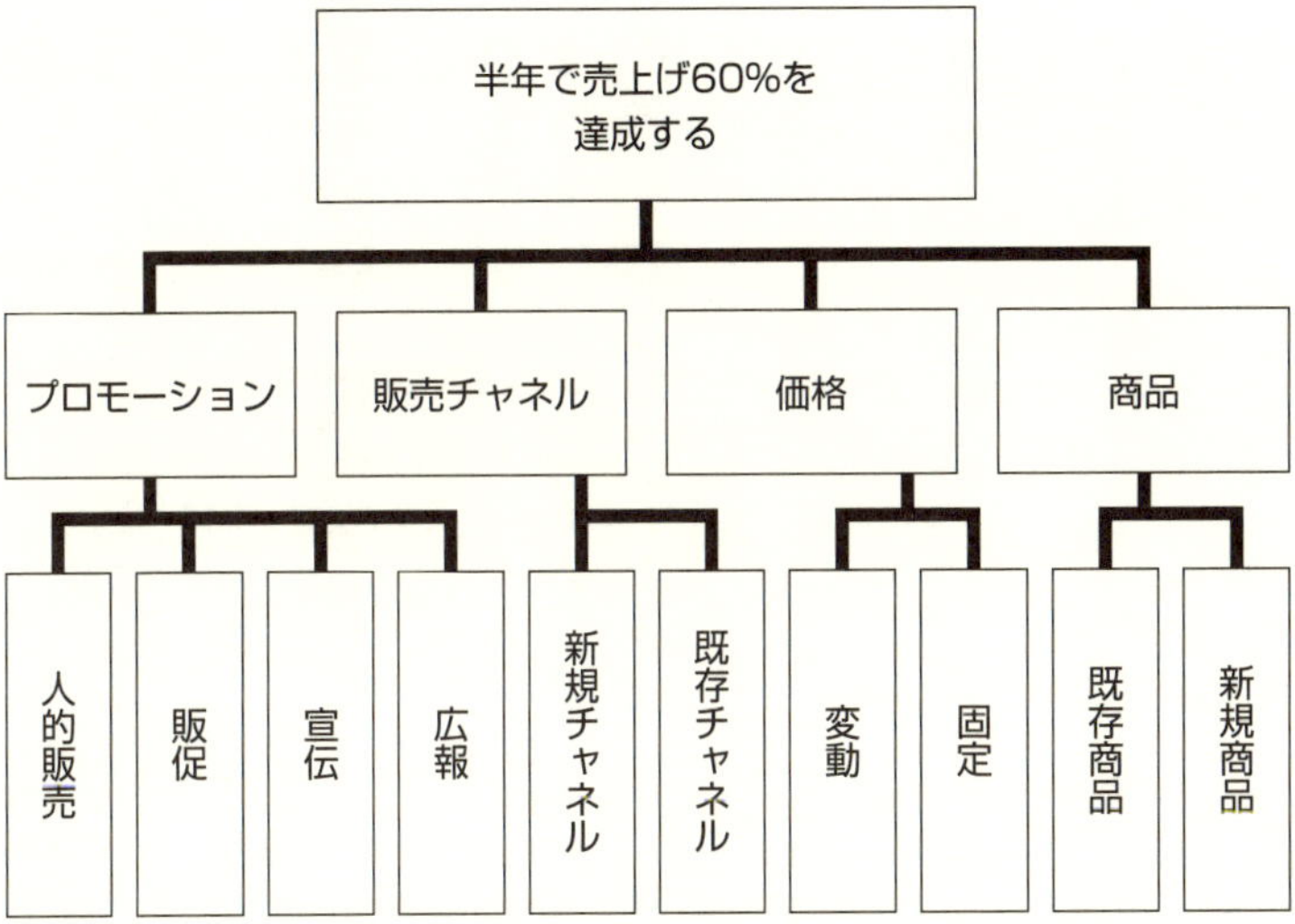

のようなロジックツリーになります。

ロジックツリーを使って考える場合は、各階層ごとにMECEになっているか、下の階層は上の階層に含まれているか、ということを常に意識することが大切です。

5 ピラミッドストラクチャで問題を分類➡再構築する

◉情報を分類して共通項でまとめる

ロジックツリーは、トップダウンで、主に問題を分解する際によく使いますが、ピラミッドストラクチャはボトムアップで、**意見や情報などから上位概念を抽出していく**アプローチです。細かい意見を集約し、問題の本質を考え、論理的な構造をつくるために用います。

では、実際にどのようにピラミッドストラクチャを活用するのか、見てみましょう。

以下は、営業会議の場で目標達成できない部員に対して、営業部長から雷が落ちた例です。

「どうして営業目標が達成できないんだ！」という営業部長の叱責に対して、営業部員からはさまざまな言い訳が飛び出しました。

「価格競争力で劣っています」「故障時の修理体制に不備があります」「営業部員の商品知識が不足しています」「業界自体が不振です」「納品時に商品が傷みます」「商品が欠品しがちです」「営業トークが下手です」「政治問題が業界に悪影響を与えています」「商品の品質が悪いです」

「景気がますます悪化しています」「企画提案力が弱いです」「色が最近の流行と合っていません」

さて、あなたが部長なら、この言い訳のオンパレードにどのように対応しますか。このときに活躍するのがピラミッドストラクチャです。

まずは、似た者同士を集める作業からはじめます。言い訳はバラバラのようでも、よく見ると同じようなカテゴリーのものがあり、それらはひとつにまとめることができます。この例では大きく四つに分類できそうです。

まずひとつ目の分類は、「価格競争力で劣っている」「商品の品質が悪い」「色が最近の流行と合っていない」の三つです。これらはすべて商品に関することです。

二つ目は「故障時の修理体制に不備がある」「納品時に商品が傷む」「商品が欠品しがち」の三つです。これらはすべて生産・物流体制の問題と言えます。

三つ目は「営業部員の商品知識が不足している」「営業トークが下手である」「企画提案力が弱い」の三つです。これらは営業部員の能力・スキルに関することです。

最後は、「業界自体が不振」「政治問題が業界に悪影響を与えている」「景気がますます悪化している」の三つです。これらは外部環境の問題です。

この似た者同士を集めて上位概念を抽出する方法は、「親和法」と言い、9章でも説明しています。

◉「SO WHAT?」で問いかけ、「WHY SO」で確認する

意見を集約したら、そこからメッセージを抽出する必要があります。そこで集約した意見から〝SO WHAT?〟と問いかけをします。

「価格競争力で劣っている」「商品の品質が悪い」「色が最近の流行と合っていない」→SO WHAT?→「商品の根本的な見直しが必要」ということが考えられます。

二つ目は、「故障時の修理体制に不備がある」「納品時に商品が傷む」「商品が欠品しがち」→SO WHAT?→「商品の品質管理体制の改善が必要」ということが考えられます。

三つ目は、「営業部員の商品知識が不足している」「営業トークが下手である」「企画提案力が弱い」→SO WHAT?→「営業部員のスキルアップが急務」ということが考えられます。

四つ目の「業界自体が不振」「政治問題が業界に悪影響を与えている」「景気がますます悪化している」ですが、外部環境要因は自らの努力ではどうすることもできないため、ここでは議論を進められません。すなわち、**営業会議で成績が悪い理由を外部環境に求めるのは論外**であることがわかります。

〝SO WHAT?〟でメッセージを抽出したら、その意見や情報がメッセージの根拠になっているかどうか確認します。これは先ほどとは逆の流れとなり、〝WHY SO〟で考えます。「商品の根本的な見直しが必要」→WHY SO→「価格競争力で劣っている」「商品の品質が悪い」「色が最近の流行と合っていない」と確認し、論理的に問題がなければOKです。

■ピラミッドストラクチャで情報を分類する

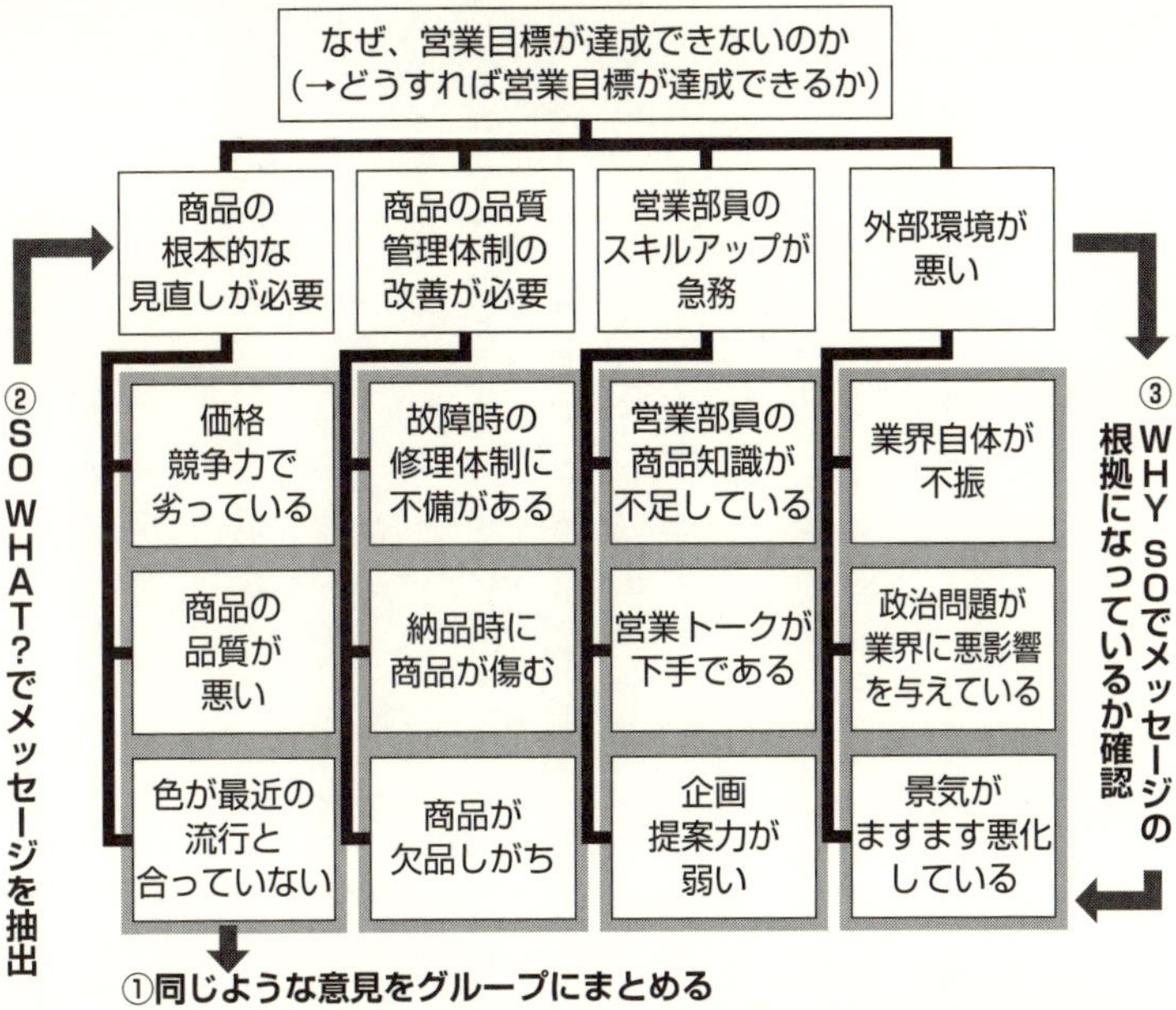
なぜ、営業目標が達成できないのか
(→どうすれば営業目標が達成できるか)
商品の根本的な見直しが必要
商品の品質管理体制の改善が必要
営業部員のスキルアップが急務
外部環境が悪い
価格競争力で劣っている
商品の品質が悪い
色が最近の流行と合っていない
故障時の修理体制に不備がある
納品時に商品が傷む
商品が欠品しがち
営業部員の商品知識が不足している
営業トークが下手である
企画提案力が弱い
業界自体が不振
政治問題が業界に悪影響を与えている
景気がますます悪化している
①同じような意見をグループにまとめる
②SO WHAT?でメッセージを抽出
③WHY SOでメッセージの根拠になっているか確認

さて、営業部長からの「どうして営業目標が達成できないんだ！」に対する答えとしては、抽出された「商品の根本的な見直しが必要」「商品の品質管理体制の改善が必要」「営業部員のスキルアップが急務」に優先順位をつけて、重要なものから対策を打つというステップに入ることになります。

以上、論理的に考えるための方法を何点か紹介しました。論理的であることを常に頭に入れて、議論の流れを把握するのはむずかしいかもしれませんが、そのスキルを習得するには、ふだんからトレーニングを積むしか方法はないのです。

そのためには、何気ない会話でも、

相手の話がどのように展開されているかを論理的に聴くようにしてみたり、テレビ討論などを見ながら考えるのもいいでしょう。

8章のポイント **論理的に考える方法**

①「帰納法」でルールを導き出し、一般化する
②情報を順序立てて関連づけて結論に導く「演繹法」で主張の論拠を示す
③「重複なく漏れなく」というMECEの考え方を身につける
④解決する問題を分類・整理するのに「ロジックツリー」を使う
⑤「ピラミッドストラクチャ」で細かい情報を集約して再構築する

9章

会議を「見える化」するスキル

1 なぜ議論の「見える化」が重要なのか

みなさんはメモを取る習慣はあるでしょうか。たとえば上司に呼ばれて業務の指示を受けるとき、多くの指示内容が含まれていると、記憶だけに頼っていては何かを忘れてしまうでしょう。ドイツの有名な心理学者ヘルマン・エビングハウスは、人は20分後には42%を忘却し、1時間後には56%を忘却すると言っています（エビングハウスの忘却曲線）。

会議においてもメモを取ること、あるいは何かに書き出すことは重要です。会議の議事録をつくるためではなく、会議中の参加者の発言内容を忘れないためにです。そして、ホワイトボードに書き出すのは、参加者に共通認識を持ってもらうためでもあります。

5章で簡単に議論の「見える化」について触れましたが、本章でさらに具体的に見ていきます。まず、5章での「社員旅行の開催」の会議をもう一度振り返ってみましょう。

ファシリテーター　本日は、今年の社員旅行でどこに行って何をしたいか、みなさんからご意見をお聴きしたいと思います。まずは、できるだけ多くの意見を出していただきたいと思いますので、遠慮なく言ってください。ここでの約束は、人の意見に対して賛成も反対もしないことです。とにかく、いろいろな意見を出すことが目的です。では、意見のある方からどうぞ。

服部　私はのんびりと温泉につかって、エステでも楽しみたいわ。
後藤　服部さん、それって女性しか楽しめないし、僕は反対だな。
ファシリテーター　後藤さん。ここは賛成、反対ではなく、どんどん意見を出してほしいのですが。
後藤　そうだな。僕は何と言ってもスキーだな。広いゲレンデで思いっきり滑ってみたいね。
山村　後藤さんは、口を開けばスキースキーって、そんなに行きたけりゃ個人で行けばいいんじゃないの。雪山なんか、寒くって凍えてしまうよ。
後藤　だから、スキーで身体を動かすんじゃないか！
ファシリテーター　後藤さん、山村さん。ここはスキーがいい悪いではなく、とにかく意見を出してみましょうよ。
山村　私は思い切って海外がいいわ。ハワイとか。
並河　おいおい、ちょっと待ってくれよ。社長や専務も来るんだよ。海外なんか行っても、社長と専務に気を遣うだけだよ。誰が面倒見るんだ。飛行機で横にでも座ったら、何時間も気を遣うんだよ。山村さんが横に座ってくれよな。
ファシリテーター　並河さん。今は社長と専務のことは忘れて、行きたいところを出しましょうよ。並河さんはどこに行きたいのですか。
並河　山登りなんかいいかもね。
磯辺　僕はテーマパークに行ってみたいな。

下山　京都のお寺巡りなんかどうかしら。秋は紅葉がきれいで、とても風情がありますよ。
山村　他にも言わせてもらってもいいかしら。私は沖縄もいいと思うの。
後藤　海に行って、スキューバダイビングやボートに乗るのもいいかもね。
磯辺　テーマパークって言ったけど、どうせならロサンゼルスがいいな。ディズニーランドもあるし、ユニバーサル・スタジオもあるし。
ファシリテーター　いろいろな意見が出てきましたね。その調子でどんどん出して行きましょう。他に行きたい場所はありますか？

さて、ここで出てきた意見は、「温泉」「エステ」「スキー」「海外」「ハワイ」「山登り」「テーマパーク」「京都」「お寺巡り」「沖縄」「海」「スキューバダイビング」「ボート」「ロサンゼルス」「ディズニーランド」「ユニバーサル・スタジオ」でした。

これらは話を聴き流しているだけでは、ひとつや二つは忘れてしまいます。そうならないために、まずは「書き出す」作業をしなければなりません。書き出すのは、会議の参加者全員の共通認識にするために、意見が目視できる必要があるためでもあります。

書き出す方法はいろいろあります。ホワイトボードや模造紙に書き出すのが一般的ですが、パソコンでパワーポイントに入力し、スクリーンに投影することもできます。

しかし、これらの方法は書記の作業がたいへんです。そこで、参加者にポストイットやメモ用紙を配布し、それに意見を書いてもらい、発言をするときに一緒に出してもらうと、書記の手間が省けて効率的です。

意見を書き出したら、その意見を整理します。意見の整理の仕方は、似た意見を集めてひとまとめにし、そのまとまりを括る言葉で表現する「親和法」と、あらかじめ大きなまとまりの箱をいくつか提示して、その箱に出てきた意見を入れていく方法があります。この大きなまとまりの箱のことを「フレームワーク（枠組み・構造）」と言います。

親和法であれば、先ほどの社員旅行についての意見を、以下のように整理することができます。

■整理例1

「温泉」「エステ」「スキー」「山登り」「スキューバダイビング」「ボート」「お寺巡り」「テーマパーク」「京都」「沖縄」「海」→**国内**

「海外」「ハワイ」「ロサンゼルス」「ディズニーランド」「ユニバーサル・スタジオ」→**海外**

■整理例2

「温泉」「エステ」「お寺巡り」「京都」→**ゆったり観光**

「テーマパーク」「ディズニーランド」「ユニバーサル・スタジオ」→**テーマパーク**

「スキー」「山登り」→**山**

「スキューバダイビング」「ボート」「沖縄」「海」→**ビーチ**

「海外」「ハワイ」「ロサンゼルス」→**海外**

このように、出てきた意見を似たもの同士でまとめると、どこに行きたいかという大きな傾向を把握することができます。

2 さまざまな「見える化」ツールが会議を活性化する

◉ファシリテーション・グラフィックのための道具

会議への集中力を切らせることなく、最後まで議論を活性化するためにも、ファシリテーション・グラフィックはとても効果的です。

ファシリテーション・グラフィックとは、議論を「見える化」するための技術です。出てきた意見、話し合っていることをペンとホワイトボードなどを使って、リアルタイムで「見た目」でわかるようにするためのスキルのことを言います。

まず、「議論を描く」ために最初に必要なのが**ホワイトボード**です。サイズも大きいものから小さなものまでありますが、小さいとすぐにスペースがなくなるため、できるだけ大きなサイズのものを準備します。書いたものをそのままプリントすることができる機種もあって、たいへん便利です。ホワイトボードがなければ**模造紙**、人数が少なければA3サイズの紙などを使います。

最近は**フリップチャート**と言って、A1サイズの紙が入る大きさのボードがあります。これは記入し終わると紙をはがして次の紙に書くことができるため、スペースを気にせずどんどん書くことができます。**イーゼルパッド**という優れものの道具もあります。サイズは同じくA1で、書き終わればはがして、別のところに貼り出すことができます。

次に、書くための**ペン**です。ホワイトボードであれば黒と赤と青が標準色ですが、その他の色も販売されているので、色が多くあれば見た目がきれいに見えます。

模造紙やその他の用紙に書くときは、太目のマーカーからボールペン、色鉛筆、蛍光マーカーと、さまざまな種類のペンを使うと意見を目立たせたり、それぞれの意見に意味を持たせることができます。

ホワイトボード等に書き出したことはデジカメで撮影し、議事録代わりに保存しましょう。あとでその画像を見るだけで、会議の内容がわかります。

◉意見をグループ化する道具

ポストイットも、ファシリテーションでは必需品です。ポストイットにはさまざまなサイズがありますが、75㎜×75㎜が一番使いやすいでしょう。色も何種類かあり、会議の主旨に応じて使い分けることができます。ポストイットを会議の参加メンバーにあらかじめ配り、意見出しをする際に1枚につきひとつのコメントを書いて出してもらうようにすると、ファシリテーターが記入する手間が省けますし、参加者が自分で書くので、聴き間違いなどの心配がなくなります。

また、ポストイットの出し方にゲーム性を持たせると会議が盛り上がります。

「ポストイットやペンの色を、誰のコメントかわかるように、割り当てをするといいのではないか」という質問を受けることがあります。会議の主旨によっては、誰の発言かがわかるようにするのもいいかもしれませんが、一般的にはあまりおすすめはできません。

なぜなら、ポストイットを使って参加者の前に貼り出すのは、意見を発言者から切り離して、参加者全員の共通認識にするという目的があるからです。発言者がわかっていると、どうしても役職者や影響力のある人の色のポストイットが目立って、優先されてしまうということにもなりかねないからです。

また**マグネット**を用意しておくとたいへん便利です。たとえばホワイトボードに紙を貼り出す際に役立ちます。マグネットであれば、意見をグルーピングするときにすぐに移動させることができるし、マグネットの色に意味を持たせると、それだけでも面白く使えます。書き出した意見を強調したり、意見と意見を関連づける際にも便利です。

また、**カラーマーキングシール**を使うとさらに便利です。マグネットの代わりに紙を貼り出すときに使えますし、多く出た意見を集約する際の投票用に使うと便利です。

3 ファシリテーション・グラフィックを使いこなす

◉ホワイトボードと模造紙を使う際の会議室のレイアウト

会議室のレイアウトは、ホワイトボードを使う場合は、参加者の視線が集まりやすいように前方に置いて、その周りを参加者が取り囲むように椅子を扇形に配置します。机を使うときはホワイトボードを中心に、コの字型に配置します。

ホワイトボードを使うと、自然と参加者が立ち上がり、ホワイトボードの前に集まって活発に議論をするようになります。椅子に座りっぱなしの会議よりも、立ちながら議論をするほうが動きがあって会議が活性化します。

模造紙を使うときは壁に貼って、参加者が一緒に見えるようにするのが望ましいのですが、書いているうちにインクが壁に写ってしまう危険性や、壁の材質によってはテープで留めにくいこともあります。ですから、机を2～3台並べてその上に模造紙を置くほうが無難です。

机の上に模造紙を置く場合は、机の周りに椅子を配置します。模造紙を囲んで議論をするとき、場所によっては模造紙の文字が逆になって読みにくくなります。この場合も、椅子に座ることにこだわらず、立って場所を移動しながら議論をすると、動きが生まれていいでしょう。

◉グラフィックを使って意見を集約する

ファシリテーション・グラフィックでは、最初にホワイトボードや模造紙の上部や中心に、会議で議論すべき課題や問題提起を書きます。これを書いておくだけで、**脱線しそうになったときに、いつでも何を議論すべきかを確認する**ことができます。

さて、会議がはじまると時間との戦いです。参加者のコメントは発言中に書かなければならないため、できるだけ速く、しかも発言者の言いたいことを的確に書くことが重要です。そのためには、発言内容を全部書くのではなく、**キーワードを書き留める**ことがコツです。また、主語と述語を簡潔にわかりやすく書きます。キーワードがつかめなかったり、論点が不明なときは遠慮せず、次のように質問しましょう。

「今、○○さんが言われたのは、こういうことですか?」

「○○さんが言いたいことを一言でまとめると、こういうことですよね」

そうすると相手は、正しければ「そうです」と言いますし、間違っていれば、再度重要なポイントを繰り返すでしょう。

ある程度意見が出て議論が落ち着いたら、次のステップとして、出てきた意見を集約したり深掘りする局面に入ります。このステップでは前述した親和法を活用し、ホワイトボードに似た意見同士を丸で囲ってグループにして大項目としてまとめます。大項目ができたら、そのグループ全体を表わす言葉をつけます。

似た意見をまとめる際に、それぞれの意見がホワイトボードの離れた場所にあると囲みづらくなります。そのため、意見を書き出す際に、ある程度似た意見同士をファシリテーターが判断して近くに書くと、その後の作業がスムーズに進みます。

しかし、これはたいへんむずかしい作業です。意見をホワイトボードに書き出す前に、あらかじめどれくらいのスペースを確保すればいいのか、出てきた意見をわかりやすく見えるようにするためには、どこに書けばいいのかを前もって考えておくことが重要になります。

また前述したように、あらかじめ参加者にポストイットなどに書いて提出してもらっておくと、貼ったりはがしたりなどがスムーズにできるのでグループ化するのに便利です。

4　知っておくと便利なフレームワーク

◉考えに漏れがないようにするフレームワーク

8章で、マーケティングの4Pというフレームワークを紹介しました。

4Pとは、マーケティングの世界では基本中の基本のフレームワークで、企業の売上げを拡大するための施策としては、商品（Product）、価格（Price）、販売チャネル（Place）、プロモーション（Promotion）のすべてにおいて何ができるかを考えなければ、MECE（重複なく漏れなく）であるとは言えない、という話をしました。

このように世の中には、何かを考える際に抜け漏れが出ないように、先人によって考えられたフレームワークがすでに数多くありますので、ファシリテーションでもぜひ活用したいものです。ここでは、簡単で使いやすいものをいくつか紹介したいと思います。

まず、一番身近で簡単なのが本書で何度も出てきた**5W1H**です。これは**会議での決定事項に**

ついて行動計画を立てるときに便利なフレームワークですが、それ以外にも社内で報告・連絡・相談をする際に、内容がMECEになっているかを確認するのにたいへん便利です。

5W1Hを使うと、誰が（Who）、いつ（When）、どこで（Where）、何を（What）、なぜ（Why）、どのように（How）という視点を漏らさずに確認することができます。Howにはさらに、いくつの（How many）、いくらで（How much）という数や金額を加えることもあります。

次に、二つに分けて考えるフレームワークもよく使います。

代表的なものには、「**メリット・デメリット分析**」や「**プロ（Pros）&コン（Cons）分析**」があります。

「メリット・デメリット分析」は意思決定をする際に、その決定を行なうとどのようなメリットやデメリットがあるのかをできるだけ多く列挙し、それぞれを比べて検討を行なうときに使います。

「プロ（Pros）&コン（Cons）分析」も基本的には、「メリット・デメリット分析」と同じです。その決定を行なうと、どのようなよい点（Pros）と悪い点（Cons）が想定されるのかを考えるときに使います。

私がユー・エス・ジェイに勤めていたときのことですが、マーケティング施策で何かを意思決定する際に、アメリカ人の上司にお伺いを立てると必ず聴かれたのが、「それをすることでどのような影響があるのか、Pros & Consを教えてほしい」ということです。

上司に何かを提案する際には、それなりの根拠が必要ですが、どうしても自分にとって都合のいい情報しか提供しないということがありました。これでは、正しい意思決定などできるわけがありません。

よい情報だけでなく、悪い情報も含めて客観的に判断ができる情報を提供してはじめて、正しい意思決定ができます。そういう意味で、Pros & Consで客観的に考えて意思決定することの重要性を認識させられました。

◉自社を分析・改善する手法

環境を分析するときによく出てくるのが、**3CやSWOT《スウォット》分析**です。

たとえば、自分たちの会社が置かれた環境はどうなっているかを考える際に、抜け漏れがないように使うフレームワークのひとつが3Cです。これは市場（Customer）、競合他社（Competitor）、自社（Company）の頭文字を取った三つの視点から考えるフレームワークです。

次に、自社の環境を分析し、戦略を組み立てる際に使うのがSWOT分析です。SWOTは、強み（Strength）、弱み（Weakness）、機会（Opportunity）、脅威（Threat）の頭文字を取った、四つの視点から考えるフレームワークです。「強み」とは、自社が持つ競合他社にはない強みには何があるのかを分析します。「弱み」は、自社が競合他社と比べて劣るのは何かを分析します。

「機会」は、自社にとって有利となる外部環境要因のことで、「脅威」は、自社にとって不利となる外部環境要因のことを言います。

業務改善を考える際に便利なのが**ECRS**《イーシーアールエス》です。これは、排除（Eliminate）、結合（Combine）、変更・再整理（Rearrange）、簡素化・単純化（Simplify）の頭文字を取ったものです。Eliminateは、その業務やプロセスをなくすことはできないかを考えます。Combineは、その業務やプロセスを結びつけて、複数あるものをひとつにできないかを考えます。Rearrangeは、その業務やプロセスを変更・再整理できないかを考えます。Simplifyは、その業務やプロセスを簡素化・単純化できないかを考えます。

業務改善を検討する際は、単純にその業務や途中のプロセスをなくしてしまうという視点だけで結論を出すのではなく、これら四つの視点でさまざまな可能性を検討し、最善の方法を考えるというがこのECRSです。

最後に紹介するのは、「**オズボーンのチェックリスト**」です。これはブレーンストーミングの考案者であるオズボーンの発想法で、アイデアを広げていく際に、あらかじめ用意した九つのチェックリストに答えるというものです。

アイデアを広げる九つのチェックリストとは、以下の通りです。

転用：新しい使い道はないか、他分野へ転用することはできないか

応用：似たものはないか、何かの真似はできないか

変更：色・音・匂い・意味・動き・形など新しい視点はないか、または変更できないか
拡大：より大きく、強く、高く、長く、厚くできないか、時間や頻度など変えられないか
縮小：より小さくできるか、携帯化できるか、短くできるか、省略できるか、軽くできるか
代用：他の材料、他の過程、他の場所、他のアプローチ、他の声の調子、他の誰か、異なった成分など、他の何かに代用できないか
変更・置換：要素、成分、部品、パターン、配列、レイアウト、位置、ペース、スケジュールを変えられないか、原因と結果を替えられないか
逆転：反転、前後転、左右転、上下転、順番転、役割など転換してみたらどうか
結合：目的や考えを結合できないか、1単位を複数にできないか、組み合せられないか

このようなチェックリストに当てはめて考えると、さまざまな視点から考えられるとともに、考え方に漏れがなくなります。

フレームワークの中でも、基本的なものを紹介しました。フレームワークには、この他にもさまざまなものがありますので、興味のある方はぜひ専門書などをあたってみてください。

9章のポイント

会議・議論を「見える化」する

①意見・議論を参加者の共通認識にするのが「見える化」
②議論を「見える化」するスキルが、ファシリテーション・グラフィック
③ホワイトボードほか、ファシリテーション・グラフィックの道具を知る
④ファシリテーション・グラフィックの道具を使って意見を集約する
⑤考えに漏れがないようにする「フレームワーク」を知る

10章

合意形成に導くファシリテーターのスキル

1 ファシリテーターが目指すべき合意形成とは

会議で「意見出し」を行ない、出てきた意見を整理すると、いよいよ最終的に参加者の合意を形成する段階となります。しかし、ここからがたいへんです。残された選択肢から、何かを選ばなければならないからです。

まったく違う選択肢の中からひとつを選ぶのは、容易なことではありません。ときには言い争いになったり、議論が平行線のまま何も決まらないこともあります。そこで、ファシリテーターがいかに合意形成に導くかが重要になります。

◉どんな合意形成の仕方があるか

合意形成は英語ではコンセンサスと言います。コンセンサスとは、ある人にとっては最良の決定ではなかったとしても、**会議の参加メンバーにとってベストであると全員が支持できる案をつくり出す**ことです。

しかし、合意形成とひと口に言ってもさまざまなパターンがありますので、ここでどのようなパターンがあるか見ておきましょう。

①**独断**：地位の高い人や権力者が強制的に決めます。この場合、参加者は結論に対して異議を唱

えることはきわめて困難です。権力者の決定に異議を唱えるのは、自分の立場を悪くしてしまうため、権力者の決定にしたがわざるを得ない状況になります。

しかし、このような場合、会議を開いて今まで議論をしてきたのはいったい何のためだったのかという虚しさが残り、モチベーションが下がってしまいます。権力者が決めるのであれば、最初から会議などしなければいい、ということになりかねません。

②**説得**：地位の高い人、権力者、あるいはある程度責任のある人が参加者を説得し、自分の思う結論に導きます。これは、独断ほど強制的ではないため、参加者は自分の意見を言うこともできますが、結局はしたがわざるを得なくなり、納得感や満足感は得られないことになります。

③**委任**：議論を尽くした結果、意見が分かれたままで合意形成に至らない場合、会議に参加している中で(もしくは会議には参加していなくても)、意思決定権を持つ役職者などに結論を出してもらいます。

「独断」と「説得」の場合は、一方的な意思決定のため、参加者の納得感は高まりませんが、「委任」の場合は、参加者が同意のうえで意思決定を一任するため、納得感はそれほど低くはなりません。

④**多数決**：地位や権力などに関係なく、参加者の過半数の人の賛成で結論を出します。過半数の賛成があれば納得せざるを得ませんが、たとえば10人の会議で、9対1と、6対4では意味合いが違ってきます。6対4であれば、たった1人の人が立場を変えるだけで同人数となります。決

定にしたがわざるを得ない4人からすると、納得感が低い結果となってしまいます。

⑤完全合意：最初は意見が対立していたとしても、議論の結果、双方が歩み寄って納得できる結論に至る場合や、当初からの自分の意見ではなかったとしても、相手の考えを理解し、納得したうえで賛同するパターンです。

この場合は、たとえ自分の意見と違った結論になっても、納得して立場を変えているため、不満は残らず満足度の高い結果となります。

◉一番正しい合意形成の仕方はどれか

さて、合意形成の五つのパターンを紹介しましたが、どれが一番望ましいでしょうか。前記の五つのパターンでは、納得感や満足感に違いが出てくるのはわかりましたが、**見落としてはならないのが「意思決定の質」**です。

十分に議論し尽くしていない場合や、「独断」や「説得」で決まることを前提に、最初から諦めて議論を放棄するようなことになると、質の悪い決定が導き出される可能性が高くなります。ファシリテーターは、この「意思決定の質」と「納得感」を両立させることに注意を払わなければなりません。

そのためにも、合理的で民主的な「完全合意」による合意形成が望ましいと言えます。

では、「正しい合意形成」という視点では、どれが一番正しいのでしょうか。結論から言うと、どれも正しいのです。「独断」であっても「説得」でも、正しい合意形成なのです。ただし、そのことを**参加者が事前に了承しているかどうか**がポイントとなります。

結論が出ないときに、いきなり役職者が、「このままでは決まらないので、私が決める」と、一方的に決めてしまうのは参加者としては納得できませんが、事前にどうしても決まらない場合は、「独断」で決めてもらってもかまわないと納得していれば、「独断」も間違いではないのです。

2 対立を恐れるな!

◉ あえて反対意見を求める

国民性として、「日本人は対立を好まない」とよく言われます。すべての日本人がそうではないとしても、たしかにできるだけ対立を避けて、平穏に過ごしたいという一面はあるでしょう。会議の場においても、そのような国民性が出てしまうことがあります。しかし、会議の場において対立を避けようとすると、安易な方向に意思決定されることがあり、**会社全体として最適とは思えない結果を生む**ことがあります。

私も過去に勤めた会社で、独裁的な社長や役員を何人も見てきました。彼らは会社をわが物のように何でも自分で決めていました。しかし、結果としてそれが経営にプラスになったか、お客様にとってプラスになったかと言うと、そうでないケースも多くありました。

そうならないためにも、安易に結論を出さず会社のために最善になるように、たとえ相手が社長であっても、あえて反対することができればいいのですが、やはり役職者を前にして部下が真っ向から反対意見を言うのは勇気がいるものです。

このようなときこそ、ファシリテーターの役割が重要になってきます。ファシリテーターは多様な視点があることを明らかにし、さまざまな選択肢があることに気づいてもらうためにも、**あえて対立する意見を引き出す**ことも必要です。

そこで、「今、ひとつの意見しか出ていませんが、本当にこれだけですか」「念のために、他の選択肢を考えて比較検討してみませんか」「では、ここであえて反対意見を考えてみませんか」「今ここに反対派の人がいたとしたら、どのような反対意見が出てくると思いますか」などのような質問をすると効果的でしょう。

◉根拠を明確にして対立する

合意形成をしようとする際に、所属部門や役職などの立場の違い、意見や意識の違いから葛藤、衝突、紛争などが発生します。ときには感情的になったり、しこりを残すこともあります。しかし、**「対立することで整合性の取れた合理的な結論を導き出すことができる」**と認識しなければなりません。ファシリテーターは意思決定の質を高め、参加者の納得感を増すためにもさまざまな意見やアイデアをテーブルに載せる努力が必要です。

意見が対立したときに気をつけなければならない、重要なポイントがあります。それは、**相手の存在自体を否定しない**、ということです。

たとえば、日本とアメリカの資本が半々の会社があったとします。この会社が社員寮を建てることになり、部屋を畳敷の和室にするかフローリングの洋室にするかでもめているとします。和室と洋室を混在させると費用が膨らむため、どちらかにしなければなりません。結論が出ないで議論が紛糾すると、「だから、アメリカ人はダメなんだ」とか、「日本人こそダメだ」といった言い合いになることがあります。この言い合いはまったく意味をなしておらず、議論以前の問題です。なぜならば、日本人であることや、アメリカ人であることは変えられないからです。

会議の場も同じで、相手の存在そのものを否定しても、相手は変わりようがありません。対立の場合の鉄則は、相手の存在を否定するのではなく、**理由を明確にして対立点を否定する**ということです。

たとえば、「和室はアメリカ人にとって座りにくく、足や腰に負担がかかる」「靴を脱がずに家の中に入るアメリカの習慣は、日本ではなじまない」といったように根拠を明確にして対立すればいいのです。根拠の対立であれば、対立する部分が明確になり解決の糸口が見えてきます。

もっと身近な例で考えてみましょう。みなさんに子どもがいて、その子にさとし君という友だちがいたとします。あなたの子どもが「さとし君は嫌いだ」と言ったら、あなたは、どのように自分の子どもに対応するでしょうか。たとえ、さとし君が嫌いでも、さとし君という存在は変わりません。おそらくみなさんは、このような質問をするでしょう。「さとし君のどこが嫌いなの？」。これが根拠を明確にするための質問です。「さとし君が僕のおもちゃを取っちゃうの」と答えれば、その根拠となる部分を解決すれば、きっとさとし君のことを嫌いでなくなるでしょう。

これは会議でも同じです。たとえ相対する意見で分かれても、それはお互いの存在自体の対立ではなく、根拠が対立しているのです。

3 末端の現象で議論しても解決にはならない

◉商品点数増VS在庫減

会社の中でよく発生する対立は、部署の違いによる対立です。

たとえば、売上げを拡大しなければならない営業部と、仕入れを最小限にしてコスト削減をしなければならない生産開発部があったとします。

この両部で会議をすると、スムーズに進むことは少ないでしょう。営業部は売上拡大のために、注文が来たらすぐに出荷ができるよう、常に商品在庫を確保しておきたいという意向があります。しかしながら、コスト削減を突きつけられている生産開発部は、仕入れを最小限にするために生産量をぎりぎりにしてコスト削減をしようとします。

これはどちらも正しいのですが、立場の違いから対立は避けられないのです。では、どのように対立を解消すればいいのでしょうか。いくつか方法を考えてみましょう。

まず重要なポイントは、末端の現象で議論をしないことです。営業部と生産開発部で会議をはじめると、おそらく以下のような議論になるでしょう。

営業部　売上拡大のために、商品点数を増やしてほしいのですが。
生産開発部　それどころか、新規商品の開発を見合わせたいのです。
営業部　それなら、今ある商品の1点あたりの在庫を積み増してもらえませんか。
生産開発部　それどころか、1点あたりの在庫も減らしたいのです。

◉上位概念に戻る

このような議論をしている限り、平行線のまま時間切れになるのは目に見えています。このような場合は、上位概念に戻って、その上位レベルで議論が成り立つかどうかを確認します。

営業部の「商品点数を増やす」と「1点あたりの在庫を増やす」は、いずれも売上げを増やしたいためなので、上位概念は「売上増」です。

生産開発部の「新規商品の開発見合わせ」と「1点あたりの在庫を減らす」は、いずれもコストを抑えたいということですから、上位概念は「コスト削減」です。

「売上増」と「コスト削減」では、まったく方向性が違うため、このレベルで議論をしても平行線のままです。

■上位概念に戻って考える

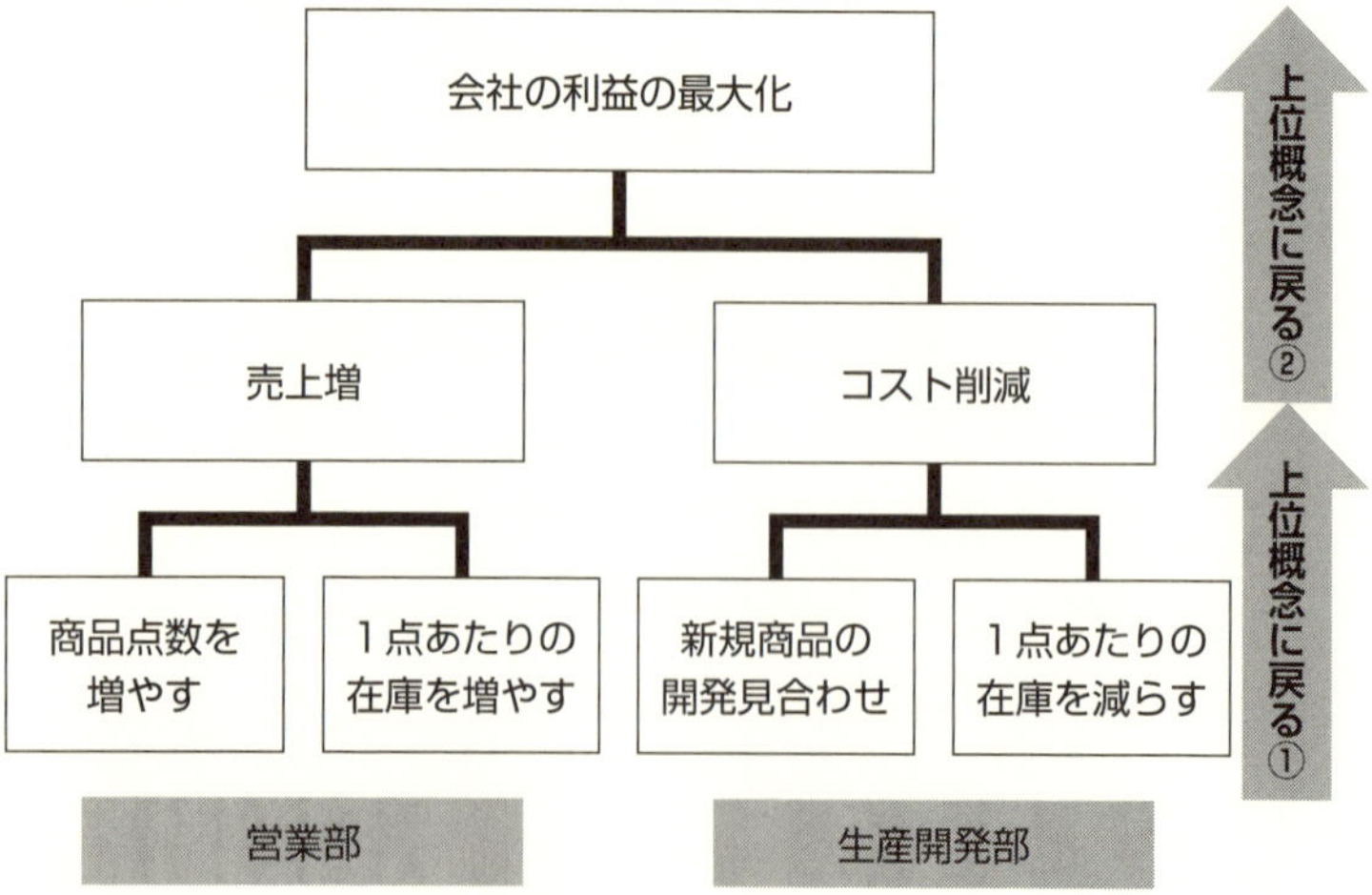

では、さらに上位概念に戻ってみましょう。営業部が売上げを増やしたいのは、会社の利益を最大化したいからです。一方、生産開発部のコスト削減も、会社の利益を最大化するためという理由であることは明白です。すなわち、両部に課せられた課題は別々ですが、会社全体の視点で考えてみると、「利益を最大化」することこそが目的であり、両部の思惑は一致しています。

このように、目先のことばかりに目を向けるのではなく、まずひとつ上のレベルに上がって考え、**どこで対立が発生するのか**を見つけることが大切です。

このときに重要なことは、（A）在庫を増やすでも、（B）在庫を増やさない、のどちらでもない、（C）という選択肢を考えてみることや、（A）と（B）の間に隠れた接点や、二つの意見を統合するなど、あらゆる視点から考えることです。

◉判断基準を明確にする

次に、合意形成において重要なのは、立場によって判断基準が違いますので、その基準を合わせることです。では、「売上げを増やす」ことと「コスト削減」では、どのような判断基準をお互いに持てばいいのでしょうか。

仮に、「実現可能性」を判断基準にするとします。売上げを増加させることと、コストを削減することを実現可能性という観点で見ると、売上増は買っていただくお客様、つまり第三者が関係しますので、今のような世の中では、安定的な売上増の実現可能性は低いかもしれません。その一方で、コスト削減はお客様への影響は少なく、社内で実施することができるため、売上増に比べると実現可能性は高いと思われます。

次に、短期で効果が出るかという「時間」を判断基準に考えてみると、短期間に売上げを増やすためには、キャンペーンを実施すれば実現するかもしれません。それに対してコスト削減は、一気に在庫をなくすのはむずかしく、即効性という意味では問題があるかもしれません。

このように判断基準によって、意思決定に違いが出る可能性が高いので、その**基準を明確にしておく**必要があります。

◉相手の立場から見る・客観的に見る

次に基本的なことですが、営業部と生産開発部は明らかに立場が異なるため、お互いの意見・

これは絶対
「6」ですよ！
何を
言っているんだ！
これは「9」だ！

主張を共感的に理解させることも重要なポイントとなります。

たとえば、上の絵を見てください。

真ん中の数字は「6」と「9」のどちらが正解でしょうか。もちろん、どちらも正解です。左の男性から見れば「6」ですし、右の男性から見れば「9」です。

これは、それぞれの立場に立って改めて見ると気づくことなのですが、ふだん、私たちはそのようなことをしません。左の立場にいる人は左に固執したまま結論を出そうとするし、右の立場にいる人も同じです。しかし、立場を入れ替えてみると、いかに自分の考えが偏ったものであるかがわかります。

営業部と生産開発部の議論もまったく同じです。お互いに**自分の立場からしか物事を見ていない**ため、議論が平行線のままになってしまうのです。ファシリテーターは、お互いの立場を入れ替える次のような質問を投げかけてみるといいでしょう。

「営業部のみなさんが生産開発部に異動になったとしたら、今の状況をどのように解決すると思いますか?」「みなさんが逆の立場だったら、この場合どのような意見を言いますか?」

また、いがみ合っている両部の状況を客観的に見てもらうために次のような質問も効果的です。

「みなさんが社長だとしたら、この営業部と生産開発部の議論をどのように思いますか?」

このように、自分たちの立場・部署に固執したままの状態を打破するための質問をすることで、柔軟な視点を持ってもらうと、客観的な議論がしやすくなります。

◉最後の手段は「先送り」

最後に、対立解消の番外編です。ここでは、対立でヒートアップした頭をクールダウンするための簡単なテクニックを見ておきます。

一番手っ取り早いのは、**休憩を入れる**ことです。次のように、敵対する2人に何かドリンクなどを用意させるのもいいアイデアです。

「ちょっとヒートアップしてきましたので、ここでいったん休憩をはさんでクールダウンしましょう。営業部の山本さんと生産開発部の谷村さんとで、何か冷たいドリンクを買ってきてもらってもいいですか?」

次に休憩を入れなくても、いったん議論を中断し、**これまで話し合ってきた内容を整理する**というのもいいでしょう。議論が紛糾し、お互いに何を話し合っているのか、どこで折り合わないのか等の論点を整理することに役立ちますし、議論の全体像を客観的に見直すこともできます。

最後の手段ですが、どうしても合意が困難なときは、**議論を先送りする**のもひとつの方法です。先送りはできれば避けたいところですが、感情が高ぶったままで結論を出すリスクを避け、お互いが冷静になる時間を持つことも現実的な選択肢のひとつと言えます。

ただし、このときもファシリテーターが一方的に散会を宣言するのではなく、参加者の同意が必要です。

4 合意形成に役立つツール

合意形成は、できるだけ議論を重ねて全員で同意するのが望ましいのですが、限られた時間の中ではむずかしいこともあります。その際に客観的かつ論理的に合意形成をするために、ツールを使うこともあります。ただし、最初からツールに頼ることを前提にしてはいけません。

■メリット・デメリット法

意見が対立する際に、それぞれのメリットとデメリットを列挙し、メリットが一番大きく、かつデメリットが一番小さい選択肢を選ぶ方法です（左ページ上表参照）。

■多重投票法

複数の選択肢の中から何が重要かを決める際に、1人5～10程度の票をもち、自分が重要と思

■震災の復興支援にわが社として何ができるか（メリット・デメリット法）

	メリット	デメリット
街頭募金	①空き時間でいつでもできる ②少人数でもできる ③場所を選ばない ④活動の成果がすぐわかる ⑤社会貢献の意識が高まる	①金額が少額に終わる ②時間がかかる ③知り合いに会う ④天気に左右される ⑤預かったお金の管理が面倒
ボランティア派遣	①社内の人間で対応できる ②現地での活動が目に見える ③被災者との触れ合いがある ④派遣者の育成につながる ⑤社会貢献の意識が高まる	①派遣できる人数が少ない ②交通費・宿泊費等がかかる ③不在時の業務に支障が出る ④現地での健康管理が困難 ⑤効果が見えにくい

■震災の復興支援にわが社として何ができるか（多重投票法）

	メリット		デメリット	
街頭募金	①空き時間でいつでもできる	5	①金額が少額に終わる	0
	②少人数でもできる	4	②時間がかかる	1
	③場所を選ばない	2	③知り合いに会う	0
	④活動の成果がすぐわかる	4	④天気に左右される	1
	⑤社会貢献の意識が高まる	3	⑤預かったお金の管理が面倒	1
	合計点数	**18**	**合計点数**	**-3**
ボランティア派遣	①社内の人間で対応できる	2	①派遣できる人数が少ない	3
	②現地での活動が目に見える	2	②交通費・宿泊費等がかかる	2
	③被災者との触れ合いがある	5	③不在時の業務に支障が出る	3
	④派遣者の育成につながる	2	④現地での健康管理が困難	1
	⑤社会貢献の意識が高まる	5	⑤効果が見えにくい	1
	合計点数	**16**	**合計点数**	**-10**

う選択肢に点数を投じる方法です。最後の意思決定の際に使うこともできますし、アイデア出しの後に無数に出てきたアイデアから、数を絞り込むときに使うこともできます。

たとえば、「震災復興支援にわが社として何ができるか」という意思決定をする際、多重投票法を使うと前ページ下表のようになります。

参加者全員の投票が終われば、メリットの得票点数はそのままに、デメリットの得票点数はマイナス点数に置き換えて、「街頭募金」と「ボランティア派遣」の合計点数を出します。「街頭募金」はメリットが18点、デメリットがマイナス3点で合計15点になります。「ボランティア派遣」はメリットが16点、デメリットがマイナス10点で合計6点となり、数値としては「街頭募金」が望ましいということになります。

■ペイオフマトリックス

前述したように、意見が対立している場合には、合意形成の判断基準自体がお互いに違うことがあります。そこで何を基準に意思決定をするか、二つの基準を選び、どちらの優先順位が高いかを比較するのがペイオフマトリックスです。

左ページの図では、震災の復興支援を検討する際に、小さな会社でも実施できるかどうかという「実現可能性」が高いか低いかを縦軸に、「被災者への貢献度」が高いか低いかを横軸に設定し、「街頭募金」と「ボランティア派遣」のそれぞれの有効性を検討した結果、街頭募金のほうが選択肢として妥当であるという結果となりました。

■震災の復興支援にわが社として何ができるか（ペイオフマトリックス）

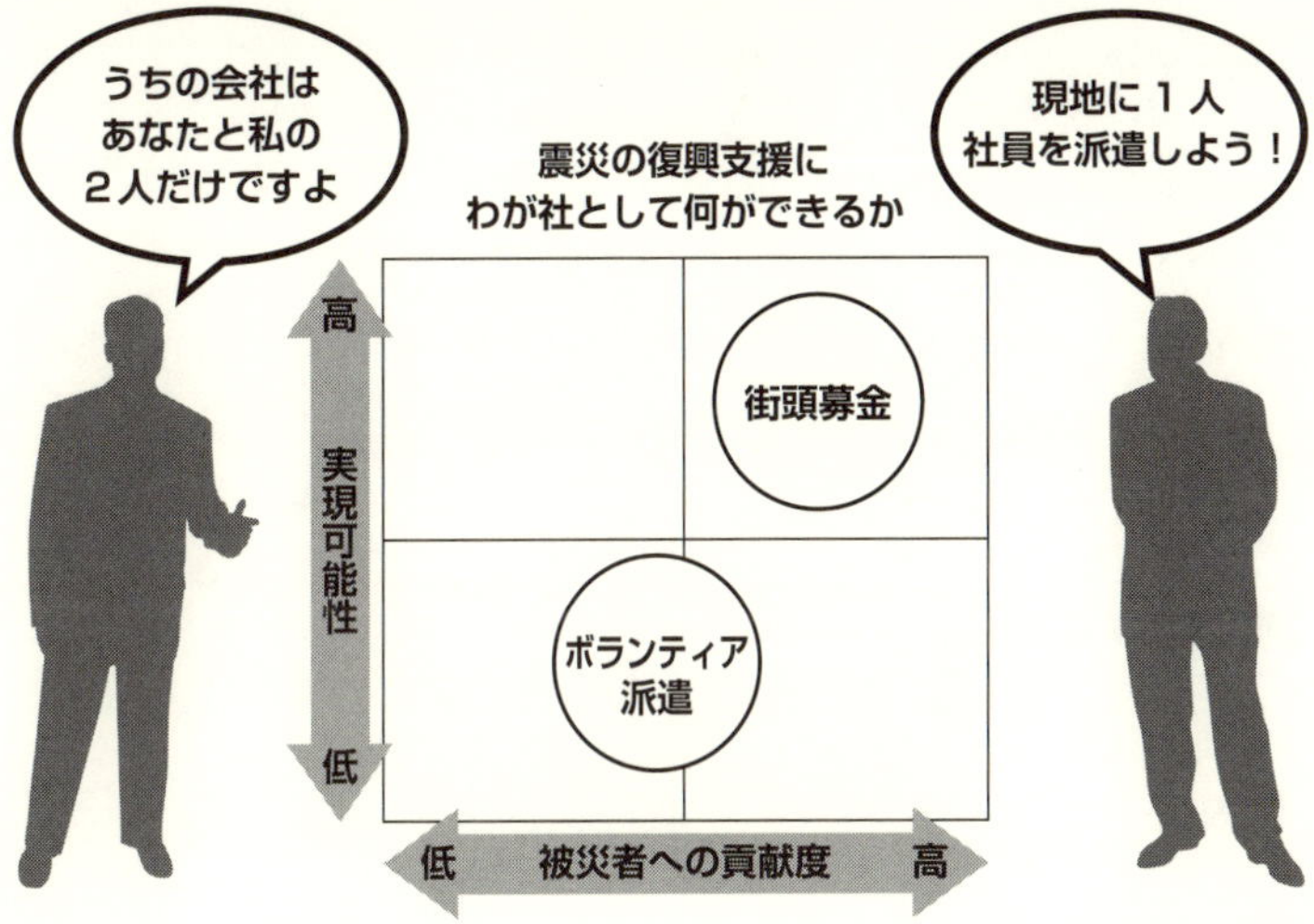
うちの会社は
あなたと私の
2人だけですよ
現地に1人
社員を派遣しよう！
震災の復興支援に
わが社として何ができるか
高
実現可能性
低
街頭募金
ボランティア
派遣
低
被災者への貢献度
高

■意思決定マトリックス

意思決定マトリックスは、対立する選択肢を比較評価する際に、基準となる評価項目が複数あるときに活用でき、数値を使って評価するため、客観的な判断ができます。

次ページ表のように、縦軸に比較検討する選択肢を記入し、横軸には何をもって評価するのかという、評価する項目を記入します。ウエイトとは重みづけのことで、評価項目の中でもとくにどれが重要なのかを検討し、重要な項目ほど高い数字を設定し、それほど重要でないものは低い数字を設定します。

次に、参加者にそれぞれ点数を与えます。通常は1人あたり5~10点程度です。

そして、「街頭募金」がいいと考えている参加者は、なぜ「街頭募金」がいいのかという、評価する項目の箇所に得点を入れます。この得

■震災の復興支援にわが社として何ができるか(意思決定マトリックス)

評価項目		社員のやる気を高める	実現可能性	被災者への貢献度	経費が安い	合計
ウエイト	得点	×3	×3	×5	×2	
街頭募金		2	5	5	4	54
ボランティア派遣		5	2	5	2	50
生活物資を送る		1	4	4	3	41
売上げの 1%を寄付		3	3	5	1	45
被災地の人を優先採用		3	2	2	4	33

点は自分の持ち点の範囲であれば、1点でも5点でもかまいません。その要領で自分の持ち点がなくなるまで、点数を入れていきます。

たとえば、「街頭募金」に賛成しているある人は、「実現可能性」が高いからという理由で「街頭募金」の「実現可能性」の欄に2点、「被災者への貢献度」に2点を投じました。またこの人は、「生活物資を送る」ことも選択肢として好ましいと考え、その理由としては「実現可能性」が高いことなので、「生活物資を送る」の「実現可能性」に1点を投じました。

全員が投じ終われば、その合計点数に重要度を示すウエイトを掛け合わせ、最後に横に合計点を出して一番高い点数のついた選択肢が一番望ましいという結果になります。

以上が、合意形成をする際に役立つ代表的なツールですが、これらを使うメリットは、客観的に結果を見ることができ、感情論になりにくいことです。デメリットとしては、合意形成ができないとついツールに頼ってしまい、本来しなければならない議論が疎かになってしまう可能性があるということです。

合意形成に際しては安易にツールに頼らず、**全員が納得するまでとことん議論をする**ことが一番重要です。

10章のポイント **合意形成に導くファシリテーターの心得**

①合意には、権力者の「独断」から参加者の「完全合意」まで、五つのパターンがある
②合意形成で大事なのは、「意思決定の質」と参加者の「納得感」である
③参加者が意見対立するのは悪いことではない。しかし、対立する相手の存在を否定してはならない
④立場の違いで対立したら、共通の問題点が浮かび上がる上位概念まで戻ること
⑤お互いの立場を理解しないと、議論は平行線のまま終わる
⑥結論を「先送り」するのもひとつの方法

11章

どうしたらファシリテーション能力が身につくか

1 日常的に要約するクセをつける

ここまで読んだからといって、ファシリテーションがうまく実践できるかと言うと、残念ながらそう簡単なことではありません。「わかる」と「できる」は違うのです。

そこで本章では、ふだんから意識することで、ファシリテーションの上達につながるコツをお伝えしたいと思います。

まずは、要約をするクセをつけるということです。私たちは毎日、大量の情報に接しています。その中でも人との会話による「言葉の情報」に接する機会は無限にあります。ふだんはとくに意識せずに人と気楽に話をしますが、相手の話を100％聴いているかと言うと、そうではありません。自分の興味・関心のあることしか聴いていなかったり、心の中で他のことを考えていたり、次に何を言おうかと考えているなど、相手の話を聴いていないことがあります。

しかしながら、ビジネスの現場ではこれでは失格です。相手の話を聴きながら、要点をつかんで理解することが必要なのです。そこで、他の人が話をしているときに、その**内容を短くまとめて相手に伝え返す**練習をしましょう。たとえば、友だちと次のような会話をするのです。

友人　最近、ダイエットをはじめたんだけど、お腹いっぱい食べられないって本当につらいなあ。以前はご飯を2杯は食べていたのに、今では茶碗に半分だから、すぐにお腹が空くんだ。

あなた　ダイエットのために、ご飯の量を2杯から茶碗半分に減らしたからすぐにお腹が空くんだね。

普通の会話のようですが、キーワードをつかんで要約できています。このようにふだんの会話でも注意深く相手の話を聴いて、さり気なく要約して伝え返す練習をするといい訓練になります。要約が間違っていれば、相手が訂正してくれます。これを繰り返すと、ファシリテーション技術は確実に向上します。ぜひ、意識してやってみてください。相手からは、「この人はよく話を聴いていてくれる」と思われますので、信頼関係も増します。

会話ではなく、**新聞や本を読んで要約の練習をする**こともできます。これは相手がいなくても1人でできるため、いつでも練習が可能です。やり方は説明するまでもなく、文章を読んで自分なりに要約してみるのです。ファシリテーションの練習なので、書き出す必要はなく、要約した内容を口に出して言ってみます。新聞は要約の練習には最適の教材です。新聞記事の見出しは、文章の内容を一言で言い表わしているので、たいへん参考になります。

2 人の表情から心の中を読み取る

私には現在、5歳になる子どもがいますが、母親の表情を見て、「お母さん、今、怒ってる？」「お母さん、どこか痛いの？」と、よくたずねます。これは、ふだんから母親のことをよく見ていて、ちょっとした変化に気づくと、それを確認したいという気持ちがあるからでしょう。逆に赤ちゃんのいる母親は、赤ちゃんの表情やしぐさなどから、今喜んでいるのか、怒っているのかを推測します。

これらと同じように、**人の表情やしぐさから、その人が心の中で何を考えているのかを推測する**訓練をしましょう。たとえば親しい人に、「表情から心の中を読み取る練習をしたい」という主旨を伝えて、相手の表情の変化から、「今、うれしかったですか?」「今、ムッとしているでしょう」と相手の心の中の状態を推測して、本人に伝えます。間違っていた場合は、どういう気持ちだったのか、質問してみるといいでしょう。親しい人とある程度練習を積んだら、次には不特定多数の人と話をし、相手の表情に変化があれば、そのときの気持ちをさり気なく聴いてみましょう。

7章で「非言語メッセージを読み取るスキル」について述べましたが、表情以外にも**非言語メッセージから相手の心の中を考えてみる**ことを心がけましょう。

相手の表情を含む非言語メッセージから心の中を読み取るクセがつけば、ファシリテーションに役立つだけでなく、さまざまな人間関係の構築にも役立ちます。

3 気配り上手になる

優れたファシリテーターは気配り上手です。会議の発言者だけでなく、その他の参加者に対しても常に配慮を欠かしません。一言で気配り上手と言っても、実践するのはたいへんなことです。ふだんから人に対する気遣いができるからこそ、ファシリテーションの場でも実践できるのです。では、ファシリテーションの現場で気配りができる人とは、どのようなことができる人でしょうか。

まず発言者に対しては、発言しやすいように、場の緊張をほぐしたり、他の参加者が話に集中するように注意を促したり、発言者のための環境をつくることができなければなりません。話の途中で詰まったり、困ったりしたときにはサポートすることも必要です。

また一方で、他の参加者に対しては、発言者の話している内容が伝わっているか、声が小さくて聴き取りにくくないか等の配慮をすることも必要です。

これらの気配りができるようになるためには、ふだんの会話から意識して、**実際に声に出して相手に伝える**といいでしょう。たとえば、相手に話しにくそうな態度が見えたら、「何かありましたか?」「何か問題でも起こりましたか?」「何か、私にお手伝いできることはありますか?」というようなメッセージを送りましょう。

また、複数の仲間との会話の中で、話を聴いている人に対して、「今の私の話の内容、わかりましたか?」「その場所で声が聴こえますか?」といったように、より聴きやすくなるように、何か一言声をかけると、何らかの反応を示してくれるでしょう。

ファシリテーションの現場で、いきなり気配り上手になれと言っても、すぐにはできません。

最近は職場においても、気配り上手な上司が評価される時代です。ひと昔前までは、部下が上司に気配りをしていましたが、時代とともに気を遣う側も変わってしまいました。経済が右肩上がりの時代は、上司にしたがっていれば仕事もうまくいっていました。しかし、今や絶対という「解」がない時代です。上司が間違えることもあります。多様な価値観を持つ一人ひとりがアイデアを出し合い、全員が同じ立場で協働しなければならないのです。

新入社員も中堅社員も、**お互いが気持ちよく働くことができる環境が必要**になってきます。そのためには上司が部下に対して気配りができなければならないのです。

人に対する気配りを、ぜひふだんから意識して実行するようにしてください。

4 大勢の人の前で話す機会を多く持つ

名ファシリテーターは話し上手です。ファシリテーションの現場では、会議の主役は参加者で、ファシリテーターはあくまでも脇役ですが、会議の目的を伝えたり、話を整理したり、参加者に質問をする等、ファシリテーターが話す場面も多々あります。ファシリテーターからの話がわかりにくければ、会議の方向性そのものがズレてしまいます。

そうならないためにも、ファシリテーターは話し上手でなければなりません。しかし、生まれつき話がうまい人はそういません。話し上手になるためには、少しでも多く話をする機会を持つことが大切です。それも、できるだけ多くの人の前で話す機会を持つことが望ましいのです。多くの人の前で話をするためには、事前に伝えたい内容を考えて準備し、わかりやすく話をする練習をしなければならないのです。

　わかりやすく話をするためには、**声の大きさ、速さ、トーンだけでなく、話す順序や組み立てなどを事前に考えて準備**をします。この練習を積むことで、ファシリテーションの現場でも参加者に対してわかりやすく話ができるようになります。

　ここでは、人前で話をするときの黄金のルール、PREP《プレップ》法を紹介しましょう。PREPはPoint、Reason、Example、Pointの頭文字を取ったものです。まずPointとは、**最初に結論を話すこと**です。Reasonは**結論に対する理由**です。Exampleは**理由を説明するための例**です。そして最後のPointで**再度結論**を話します。次の例を見てください。

「本日の会議では、中国市場に進出するかしないかを決定したいと思います」(Point)

「なぜならば、縮小する国内市場だけでは売上高の先細りが予測されるからです」(Reason)

「過去5年間の売上高の推移を見ますと、毎年2～3%程度減少しています。それに対し、いち早く中国に進出したX社は、毎年5%程度売上げを増やしています。その背景には、中国の中流階級の消費が飛躍的に拡大しているというデータがあります」(Example)

「そこで当社も、中国市場へ進出するかしないかを決めるのが本会議の目的です」(Point)

　PREP法を使うと、話が明快になることがわかると思います。

次に話が終わったら、できるだけ聴衆からフィードバックを受けてください。第三者から見て内容がわかりやすかったか、話にまとまりがあったかなどをフィードバックしてもらうことで、自分の話し方のクセに気づいたり、いいところを確認することができます。

5 打たれ強く、忍耐強くなる

ファシリテーターには精神力の強さも必要です。なぜなら、意見が真っ向から衝突し、議論が激しくなるような会議では、批難の矛先がファシリテーターに向けられることがあるからです。これは、私も何回も経験しました。

たとえば会議が紛糾したとき、感情的になった人がファシリテーターに向かって、「中立、中立って言うけど、結局お前はどう思っているんだ」「ファシリテーションだか何だか知らないが、結局は何も変わらないじゃないか」「ファシリテーターがいても結局、何も決まらないじゃないか」といったような厳しい言葉を容赦なく浴びせかけることもあります。

また、議論が紛糾した責任をファシリテーターに押しつけてくることもあります。無理なことを言って、ファシリテーターに喧嘩を売ってくるような人も出てきます。

このような状況になったとしても、ファシリテーターは決して感情的になってはいけませんし、批難してきた相手に反論してもいけません。

相手が言っていることがたとえ正しくなくても、いったんは相手の言っていることを受容し、理解を示します。相手が言っていることを、認めたり肯定するのではなく、あくまでも言いたいことに対して、「あなたはそういうことが言いたいのですね」と理解を示すのです。

ファシリテーターも、感情に左右されることがあると思います。しかし、ファシリテーターが感情的になれば、その会議自体を成り立たせるのが困難になります。**ファシリテーターは常に冷静であり、理性を保ち、打たれ強く、忍耐強い存在**でなければなりません。

ではどうすれば打たれ強く、忍耐強くなれるのでしょうか。これは非常にむずかしい問題です。忍耐強くなれる方法があれば、スポーツ選手、受験生、ビジネスパーソンなど誰もが知りたいと思うでしょう。しかし、忍耐強くなれる状況を設定したり、仮想経験することはむずかしいと思います。

私は営業の仕事をしていたので、クレームの対応をしたことが何回もあります。立腹されたお客様が、私に向かってクレームをつけているうちにさらにボルテージが上がって、狂ったように騒ぎ立てられたこともあります。また、電話でクレーム対応していると、私の言葉一つひとつに因縁をつけ、何を言ってもますますヒートアップする人もいました。

私も人間ですから、こうした人の対応をしていると、自分も興奮状態に陥って声が震え、冷静さを保てない状況になることもあります。しかし、お客様に対してこちらがキレてしまうと、大問題に発展してしまいます。理不尽に思いながらも何とか気持ちを抑えて、問題を解決する努力をしたものです。

クレーム対応で人から批難を浴びせられた経験は、自分の感情を抑え、冷静に対応するための忍耐力を大いに鍛えてくれたと思います。

6 ファシリテーションの周辺知識を学ぶ

ファシリテーションにはさまざまなビジネス・スキルのエッセンスが盛り込まれています。対人関係のスキルには、カウンセリングやコーチングのエッセンスが随所に入っています。とくに**コーチングは質問を使ったコミュニケーション・スキル**としてビジネスの現場では多く取り入れられていますので、ファシリテーションを学ぶ人はぜひ、コーチングにも触れてください。

コーチングには三つの重要なスキルがあります。ひとつ目は承認のスキルです。コーチングの世界で「承認」という言葉の意味は、「相手の存在を認め、それを相手に伝えること」「相手がそこにいることを認める行為」です。このような定義の仕方はコーチング独特ですが、その内容はコーチングに限ったことではなく、ファシリテーションを含む対人関係においてもとても重要です。

二つ目は傾聴のスキルです。そして三つ目が質問のスキルです。この傾聴のスキルと質問のスキルは7章でもくわしく取り上げました。

すなわち、コーチングとファシリテーションにおける対人関係のスキルは、共通する点が多々あるということです。ファシリテーションを学ぶ人の多くは、コーチングも学んでいます。

論理的に考えるスキルはまさしくロジカルシンキングです。ロジカルシンキングもビジネスパーソンの必須スキルです。会議の場においても、いかに筋道立てて論理的に考えられるかによって、ファシリテーターの力量がわかります。本書では、帰納法、演繹法、MECE、ロジックツリー、ピラミッドストラクチャなどを紹介しましたが、ファシリテーターとしてより力をつけるためには、ロジカルシンキングについての書籍を1冊は読んでみてください。

議論の「見える化」の能力を高めるためには、**図解、ビジュアライズの方法を学び、ふだんから使う**ことです。ビジネスで役に立つ図解には、五つの基本パターンがあります。五つのパターンとは、「ベン図」「プロセス」「ツリー」「グラフ」「マトリックス」です。

ここでは、例としてベン図を紹介します。ベン図は複数の集合の関係や範囲を視覚的に表わしたものです。たとえば、「優秀なセールスパーソンに求められる条件」を考えてみましょう。

次ページのサンプルのベン図では、優秀なセールスパーソンに求められる条件を三つ出してみました。1は「お客様のニーズを引き出す傾聴力」、2は「業界や商品に関する豊富な知識」、3は「困ったときにいつでも駆けつけてくれるフットワーク」です。

どれかひとつだけでは優秀なセールスパーソンとは言えません。すべての条件が揃っていなければならないのです。すべての条件を満たすのが7の部分です。1と2が交わる4の部分は、傾

■優秀なセールスパーソンの３つの条件（ベン図）

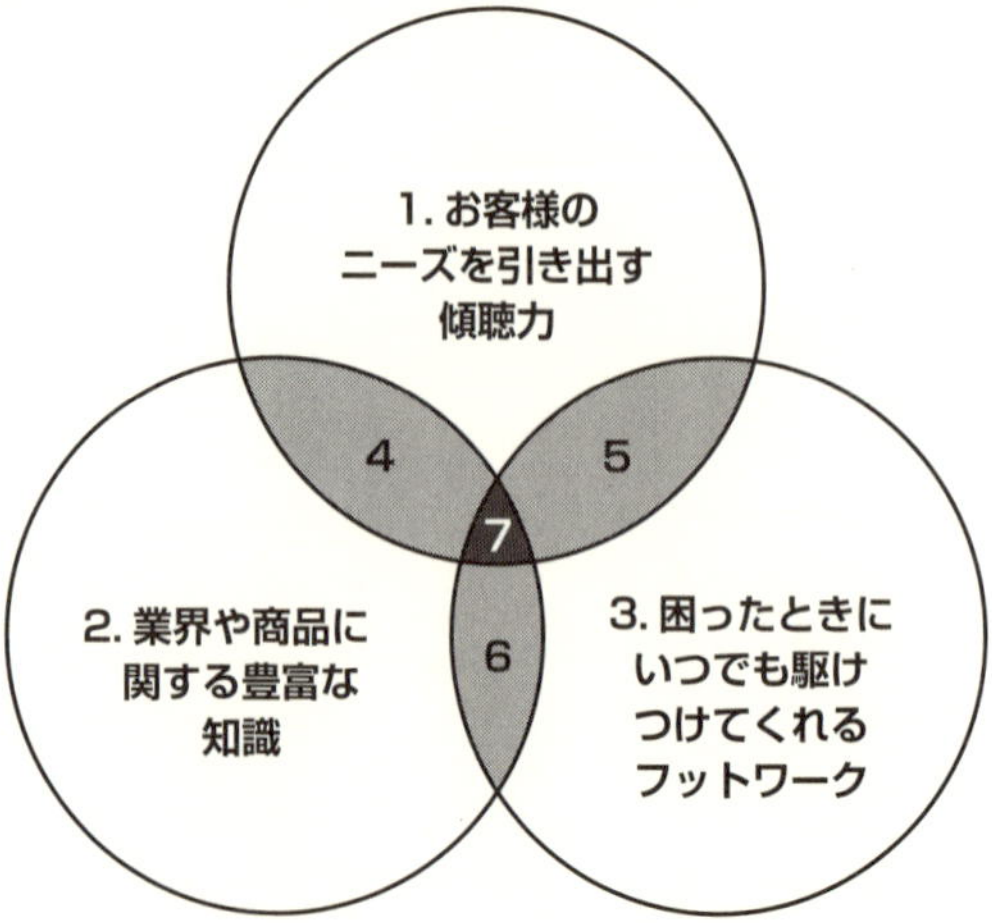
1. お客様の
ニーズを引き出す
傾聴力
2. 業界や商品に
関する豊富な
知識
3. 困ったときに
いつでも駆け
つけてくれる
フットワーク
4
5
6
7

聴力と知識は備わっていますが、フットワークがないため、すぐに相談できるという安心感がありません。1と3が交わる5の部分は、傾聴力とフットワークは備わっていますが、知識がないのでどこまで信頼できるか不安です。2と3が交わる6の部分は、知識とフットワークは備わっていますが、傾聴力がないので心を開いて相談しようという気持ちになれないかもしれません。

このように、図解で考えると視覚で捉えることができるため、たいへんわかりやすくなります。

ベン図は三つの円だけでなく、二つでも、四つ五つでも使うことができますが、あまり数が多いとわかりにくくなるので、ある程度絞り込んだほうがいいでしょう。

その他、ツリーやマトリックスは本書でも紹介しましたが、これらの図を使ってわかりやすく整理したり考えるクセをつけ、会議の内容に応じて図の使い分けができると、ファシリテーターとしての力も格段にアップします。
ぜひ、これらの使い方をマスターし、ファシリテーションの現場で活用しましょう。

7 よい師に学ぶ

何事も上達するためには、その道のプロフェッショナルに触れることが重要です。スポーツの世界でも、芸術の世界でも、ビジネスの世界でも、その道の一流の人から学ぶことは多いでしょう。しかしながら、ファシリテーションに関しては、プロフェッショナルに出会うことはむずかしいと思います。そこで、まずは**ファシリテーションのプロフェッショナルによって書かれた書籍を読む**ことをおすすめします。

一番身近で、専門家に触れることができるのは書籍です。書籍ならすぐに手に入れることができ、プロフェッショナルの教えに触れることができます。ファシリテーションの書籍も数多く出版されていますが、多く買う必要はありません。ここで紹介する代表的な書籍をひと通り読めば、知識としては十分でしょう。

『会議が絶対うまくいく法』マイケル・ドイル&デイヴィッド・ストラウス著、斎藤聖美翻訳（日本経済新聞社）：本書はファシリテーションの先駆けとも言える本で、ファシリテーションを学んだ人なら、必ず手に取ったことがあると言っても過言ではありません。1976年に初版が刊行され、全米のビジネスパーソンに会議のバイブルとして読み継がれてきた超ロングセラーです。全世界で80万部以上も売れている名著で、すでに36年も経過しているにもかかわらず、古さを感じさせないすばらしい内容です。

『ファシリテーター型リーダーの時代』フラン・リース著、黒田由貴子・P・Y・インターナショナル翻訳（プレジデント社）：本書は1998年に初版が出版され、日本では2002年に翻訳が出ました。『会議が絶対うまくいく法』とともに、ファシリテーションを日本に知らしめた1冊です。本書によるファシリテーションの定義である、「中立な立場で」「チームのプロセスを管理し」「チームワークを引き出し」「そのチームの成果が最大となるように支援する」は、とても明確でわかりやすく、多くの人が引用しています。

『ファシリテーション入門』堀公俊著（日経文庫）：ファシリテーションについてコンパクトに体系的に解説されている良書です。初心者には最適の1冊で、短時間でファシリテーションを理解したい人におすすめです。著者の堀さんは、ファシリテーションに関するさまざまな書籍を執筆されており、さらにくわしく知りたい人には関連書籍もおすすめします。

これらのような書籍を読んで知識を学ぶことも必要ですが、**実際にファシリテーション・スキルが高い人を見て学び、実践する**ことも大切です。

みなさんの周りで、ファシリテーションの上手な人がいることが望ましいのですが、身近にいなければセミナーに参加するのもいいでしょう。

私がおすすめするのは、私が尊敬するファシリテーションのプロフェッショナルが多く在籍されている、特定非営利活動法人「日本ファシリテーション協会」のセミナーです。当協会はファシリテーションの普及・啓蒙を目的とし、各地で活発な活動を行なっています。ファシリテーションの基礎セミナーは定期的に開催されています。

セミナーの参加者はビジネスパーソン、教職員、地方自治体の職員などさまざまで、多くの人からいろいろな刺激を受けることができます。

11章のポイント　ファシリテーション能力を磨く

①ふだんの会話で「内容を短くまとめて相手に伝え返す」練習をする
②相手の表情やしぐさから、心の中で何を考えているかを推測する
③多くの人の前で話す機会を多く持つ。そのために話す順序や組み立てなどを事前に考える
④「常に冷静で、理性を保ち、打たれ強く、忍耐強い存在」になることを考える
⑤コーチング、ロジカルシンキング、ビジュアライズなどの関連する周辺知識を身につける
⑥本から学ぶ。プロフェッショナルから学ぶ。セミナーから学ぶ

12章

ファシリテーションは組織運営の必須スキル

1 チーム・ファシリテーション――企業再生プロジェクト

ファシリテーションは会議運営に必要なスキルですが、会議以外にもプロジェクトマネジメントや、組織運営にも応用することができます。

2章でレベルⅠは会議のファシリテーター、レベルⅡはチームのファシリテーター、レベルⅢは組織のファシリテーターということを説明しました。ここでもう一度振り返ってみましょう。レベルⅠからレベルⅢに上がっていくにしたがい、ファシリテーターの役割は、より複雑かつ高度になっていきます。レベルⅠは、会議を実施する際に必要な基本的なファシリテーションができるレベルです。レベルⅡは、複数の部門にまたがるプロジェクトチームなど、継続して開催される会議のファシリテーションを実施できるレベルで、プロジェクトマネジャーは、このレベルに該当します。レベルⅢは、組織のビジネス全般とその組織文化ならではの問題を十分に理解し、組織が大きな変革をしようとするときに、正しい方向へ導くことができるレベルです。

本書の最後として、レベルⅡのチームのファシリテーターの事例を見てみましょう。

◉リゾートホテル再生プロジェクト

大阪市中心部に位置する「ホテルサンシャインリゾート大阪」は、予約を取りにくいホテルとして有名です。大阪市内で最大級の客室数を誇り、リゾート気分が満喫できるホテルとして、開業6年目を迎えます。1泊の宿泊料金は大人1万5000円と安くはないものの、全国各地やアジア圏から多くのお客様が大阪観光の拠点として訪れます。

この5年間の宿泊客数は順調に推移しており、6年目の予約も順調と思われた矢先のことです。ホテルのレストランで食中毒が発生し、3歳と7歳の子どもと、72歳の老人が入院する事件が起こってしまいました。また運悪く、ホテル内の階段で転んでお客様が骨折するという事件も重なり、行政からは階段の設計の問題点を指摘されました。

2週間の営業自粛の後、ようやく営業を再開しましたが、連日報道陣が押し掛け、ネガティブな報道ばかりされたことで予約はほとんどキャンセルとなり、閑散とした日々が過ぎていきました。その結果、営業赤字となり存続の危機に陥りましたが、経営を立て直すためにアメリカの投資会社の出資が決まり、新しい経営者の下、半年後のリニューアルオープンを目指して新会社としての経営戦略が出されました。

その戦略の柱は、以下の三つから成り立っています。

①社員の20％をリストラで削減し、残った社員の給料は1年間10％カットする。
②リゾートホテルというコンセプトを撤回。顧客サービスを削減し、ビジネスマンや海外の低価格ツアー客に特化した1泊3980円の超格安ホテルに変身する。
③リニューアルオープンの施策として、3ヶ月間はキャンペーン価格の1泊2980円として話

題を喚起し、マイナスイメージを払拭する。

◉ホテル再生のキックオフミーティング

この方針に対して、残った社員からは不安と怒りの声が噴出しました。格安ホテルでは働きたくないと他のホテルへ転職する社員もいれば、こんな割引をすればお客様の数が一気に増え、削減された人数では対応できないと不安に思う者も多くいました。

このホテルサンシャインリゾート大阪で、開業時から経営戦略とサービス向上を主な業務としてきた田中康弘は、このプロジェクトを推進する責任者として新社長から抜擢されましたが、田中自身も格安ホテルへの業態転換には抵抗感を持っていました。しかし、会社の方針として決められたことなので、そんなことは言っていられません。

田中は早速、関係部署の責任者を集め、リニューアルオープンに向けたキックオフミーティングを開きました。

会議の出席者は、営業部長の山本慎二、予約センター責任者の西岡美咲、フロント業務責任者の平岡純也、財務部責任者の木下聡、購買部責任者の野元恒夫の5名で、いずれも会社の中心メンバーです。ミーティングは冒頭から紛糾しました。

山本　田中さん、あなたはこのホテルの開業時からのメンバーでしょう。誰がこんなディスカウントホテルに賛成したのですか。ホテルのイメージが下がるのは必至です。今まで使っていただいた旅行代理店や法人のお客様はすべて他のホテルに流れてしまいます。

西岡　こんな格安にすると一気に予約の電話や問合せが入り、今の人員体制では対応しきれません。お客様をお待たせすることが多くなり、クレームも増えます。

平岡　それはフロントも同じです。一気にお客様が増えたら、どのように対応するのですか。人も削減した中で、田中さんは従業員を殺す気ですか。

木下　格安ホテルは単価が安いので、稼働率を常に80％以上に保たないと資金繰りが困難だぞ。そんなことができるのか。

野元　お客様が急増するなら、洗面セットやタオル類などの仕入れが一気に増えます。購買部としてはどれくらい準備すればいいのですか。

キックオフミーティングはメンバーの怒りをぶちまけるだけの場で終わってしまいました。田中はなすすべもなく途方に暮れましたが、何とかしなければと考えた結果、これまで学んできたファシリテーションのことを思い出しました。

「ファシリテーションは会議を舞台に参加者を鼓舞し、意見をまとめ、メンバーが協働してひとつの方向に向かって意思決定するスキルだった。これを新しい組織運営に活かしてみよう」

2　プロジェクトメンバーを共通の方向へ向かわせる

◉立場の違いから生まれる対立

田中は、各メンバーと個別に話をすることにしました。

山本　私は、ホテルサンシャインリゾート大阪を、日本一のリゾートホテルにするために入ったんです。そのために旅行代理店に営業をし、少しでも旅行商品の中で当ホテルを使ってもらうよう努力をしてきたんです。ようやくその効果が出てきたところなのに。一連の不祥事のおかげで、ホテルを使ってもらうどころか、お得意先から大クレームを受けてしまいましたよ。

平岡　私はフロントで働くすべての部下に対して、何があっても最高の笑顔でお客様をお迎えするように教育をしてきました。でもこんな状況じゃあ……笑顔も出なくなってしまいました。

西岡、木下、野元もそれぞれの思いを語りました。彼らの熱い思いを改めて認識した田中は、何とかこのエネルギーをひとつの方向に向けることができないかと考えました。

そして改めて会議を開催し、新しく着任した経営者からのメッセージや、会社としてなぜ格安ホテルに路線変更するのか等を自分の言葉で説明し、自分たちが今やらなければ会社の存在自体が危ぶまれることを誠実に説明しました。

とにかく会社を何とかしなければならないという思いを感じ取ったメンバーは、今なすべきことから目を背けてはならないことを理解し、ホテルサンシャインリゾート大阪のリニューアルプロジェクトは一歩前に進むことになりました。

その後1ヶ月がたち、各部は営業再開に向けて準備をしていましたが、新しい問題が発生してしまいました。営業部長の山本と、予約センター責任者の西岡、フロント業務責任者の平岡が真っ向から対立しているのです。当初、全室禁煙にする予定であったにもかかわらず、営業部がお客様に喫煙室を用意すると約束してきたのです。

西岡 山本さん、団体客の予約を取るために、喫煙室を用意するなんてやめてください。あなたは売上げのことしか考えていないのですか。

平岡 山本さん、廊下でタバコの匂いがする、とクレームを受けるのは私たちなんですよ。なぜ、そんな勝手なことをするのですか。

山本 みんな、この緊急事態に何を言っているんです。なぜ、ホテルがあんな羽目になったかもう忘れたのですか。これ以上、売上げが下がると会社の存続自体が危ないんですよ。

そんなことを言うなら、自分たちで団体のお客様の予約を取ってみたらどうです。新しい社長も言っているでしょう。「売上げを確保するためにはお客様を大切にして、できない要求でもできないではなく、できる方法を考えろ」って。これじゃあ、営業部が悪者じゃないですか。それなら、田中さんに聴いてみましょう。彼が取り仕切っているのですから。

した。

◉ 中立な立場であること

田中は、細かいことに目を向けるのではなく、全員が向かうべき目標を確認し合うことにしま

田中　みなさん、喫煙か禁煙かの意見を求められても、これは私が答えを出すものではありません。プロジェクトメンバーで決めるべきことで、私はそのサポートをすることが仕事です。社長も、いちいち細かいことを決裁を求めず、自分たちで考えて決めろというお考えです。

平岡　みんなで決めろって、そんな無責任な。田中さんは何の考えもないのですか。

田中　あえて言わせてもらうなら、今、私たちがしなければならないことは、喫煙か禁煙かを決めることでしょうか。もっと大きな目標があったと思うのですが。その目標に比べれば、喫煙・禁煙などは大きな問題ではないと思います。

山本　そうですね。今は喫煙、禁煙でもめているような時期ではありません。目先の集客についつい意識が向いてしまって、事前にみんなに相談するのを怠ってしまいました。今から思うと、ちょっと恥ずかしいな。

西岡　山本さん、もう気にしないでください。今回のお客様はせっかく山本さんが獲得したのですから、イレギュラー対応になっても喫煙の部屋を用意して、満足のいくサービスを提供しましょ

うよ。

平岡 そうですね。他のお客様のクレームは、私たちが何とかしますから安心してください。

こうして喫煙・禁煙の問題は解決の方向に向かいました。田中は両者が対立している問題を解決するのではなく、あくまでも中立の立場を守り、全員に共通の目標を意識させることで、メンバー同士が自ら問題解決ができるようにしたのです。

3 プロジェクトチームのプロセスを管理する

◉ゴール達成までのプロセス・マネジメント

リニューアルオープンまであと2ヶ月となった頃、財務部責任者の木下と購買部責任者の野元が激しく言い争うことが多くなりました。田中がその理由を確認すると、オープンまでに必要となるタオルやシーツの発注数量に、財務部と購買部との間で大きな開きがあったからです。

木下 いい加減な予測で適当に発注されても困るんだよ。とにかく限られた予算しかないので、最小限で進めてくれないかな。

野元 何を言っているのですか。今の予約数の推移を見ると必ず足りなくなりますよ。

木下 そんなことを言っても、これまでずっと推移を見てきたじゃないか。今の調子では、そんなに増えることはあり得ないよ。

野元　木下さんは、リニューアルオープンを迎える私たちのホテルの集客力をそんなに低く見積もっているのですか。ホテルに対する思いはなくなったのですか。

この様子を見ていた田中は、2人に質問をしました。

田中　タオルとシーツの発注数量については、いつから平行線なのですか。

野元　3ヵ月ほど議論を重ねても、平行線のままですよ。木下さんが首を縦に振らなければ発注ができません。

田中は、このままではリニューアルオープンに間に合わないのではないか、と危機感を抱きました。そこで、ファシリテーションで必須の、ゴール達成までのプロセスをマネジメントすることを思い出しました。

（たしか、会議の内容・道順・参加者・時間を含めたプロセスをマネジメントしなければならなかったんだ。この2人の対立を放置することは、リニューアルオープンに向けてのプロセスがマネジメントできていないことになる）

そこで田中は、木下と野元を呼んで進捗状況を確認し合う場を持つことにしました。

田中　ホテルのリニューアルオープンまであと2ヶ月ですが、今からタオルとシーツを手配して間に合うのですか。

野元　今から発注したとしても、とにかく数が多いのでオープン1週間前に納品できるかどうかというところですね。

田中 ベッドメーキングのスタッフの、タオルやシーツ取り替えのトレーニングはどうされるのですか。トレーニングをしないでオープンを迎えても、問題はありませんか。

木下 そう言えば、トレーニングのことをまったく忘れていた。支払いの額ばかり気にしていたが、スタッフのトレーニングができるように最低限の数だけでも先に発注しなければ。

野元 最低限の数量で発注すると発注単位が小さくなりますが、コスト面はどうするのですか。

木下 まずは無事にオープンを迎えることが先決だろう。少々のコスト増はやむを得ないな。

田中 その後の発注数量はどうするのですか。

野元 この問題は、購買部と財務部でもめても仕方ないですね。全体のスケジュールとの関連もあるので、ある程度見込みになったとしても早急に決める必要があります。

木下 それでは営業部と相談して、宿泊者の予約見込みを再度検証してもらえるかな。それに応じて予算金額をもう一度洗い直してみよう。

田中 木下さん、野元さん、どうもありがとうございます。お2人のお陰でスタッフのトレーニングも間に合いますね。これで、何とか問題はクリアできそうです。

◉人に対するマネジメント

これで、遅れていた購入物の軌道修正ができ、全体のプロセスに影響を与えずにすみました。

田中はその日の夕方、木下のところを訪ねました。プロセスのマネジメントの中の重要な要素として人のマネジメントもあり、一人ひとりフォローもしておきたいと思ったからです。

田中　木下さん、本日はどうもありがとうございました。また予算面ではご苦労をおかけします。限られた予算で最大限の効果を出さなければならないし、もう失敗することはできません。銀行の融資も慎重な判断が必要なので、まさに木下さんの役割は当社の隠れた要です。

木下　田中さん、わざわざありがとう。みんな、お金は何とかなると、どこか甘い考えがあるように思えてならないんだ。うちのような会社は1円でも大切にするという気構えがないと成功しないよ。

田中　木下さんのそのお気持ちがあれば、絶対大丈夫ですよ。みんなも理解しますよ。

田中はその後、野元のところも訪ねました。

田中　野元さん、先ほどはありがとうございました。ホテルではさまざまな仕入れが必要ですが、それを一括で取り仕切っているのは本当にたいへんですね。タオルやシーツはその一部ですし、その他にも細々とした仕入れがありますから。

野元　田中さん、それをわかってくれる人がいるだけで私は救われますよ。何せ、購買の仕事って目立たないし、地味な業務ですからね。仕入額が多くなると、お金がないと言ってお叱りを受けますし、ものがなければないで各部からクレームが来るし……。

田中　でも野元さん、みなさん理解していますよ。先日の会議でも野元さんが来る前に、野元さんのご苦労をメンバーが口を揃えて言っていましたし。

木下と野元は、プロジェクトの途中でやる気を失いかけていましたが、これをきっかけにやる気を取り戻したようです。リニューアルオープンまであと1ヶ月となり、田中はホテルサンシャインリゾート大阪の再生プロジェクトを無事見届けるカウントダウン態勢に入ったのです。

◉ファシリテーション・スキルの応用

以上は、会議のファシリテーションをプロジェクト運営に適用した事例です。会議でのファシリテーター経験がある田中は、そのスキルや経験をプロジェクト成功のために活用しました。

その応用を順に見ていきましょう。

会議には何かを決めるというゴールがあり、その共通のゴールを参加者が共有し、同じ方向へ向かわせることが重要です。プロジェクトの場合も同じで、プロジェクトで達成すべきゴールを参加メンバーが共有し、全員がそのゴールに向かわなければプロジェクトの成功はありません。

ところが初回の会議はメンバーが不平不満をぶちまけるだけで終わってしまい、共通の目標を持つどころではありませんでした。田中はメンバー全員と面談を行ない、問題点を明確にしたうえで改めて会議を開催し、経営者の考えやプロジェクトの重要性を自らの言葉で伝えました。

田中の言葉に共感したメンバーは、今自分たちがすべきことを理解し、プロジェクトが前に進むようになったのです。

会議におけるファシリテーションでは、ファシリテーターは中立の立場を保つ必要があります。たとえ会議の参加メンバーが対立したとしても、ファシリテーターが乗り出して自ら解決するのではなく、メンバー同士で問題解決をするように方向性を示し、細かい対立に留まらないようメンバーを導きます。

田中は、喫煙と禁煙で対立したメンバーに自らの意見を述べることなく、また自ら介入して解決しようとするのでもなく、プロジェクトの目標に目を向けさせることで、目先の些細な争いごとを自分たちの力で解決するようにしたのです。

また、会議のファシリテーションでは、議論の内容や道順、参加者、時間配分などを含め、プロセスをマネジメントしますが、今回のプロジェクトのプロセスにおいても田中は、会議のファシリテーションを応用しました。

タオルとシーツの発注で対立する野元と木下に対して、プロジェクトの全体像を示しただけでなく、全体のプロセスの中で見落としてはならない、スタッフのベッドメーキングのトレーニングなどについても触れ、自分たちだけの利害にとらわれることで、全体の進行に影響があることを気づかせたのです。

そして、野元と木下には時間を取って個別に面談を行ない、彼らの心理面に対する配慮を怠らずにモチベーションを維持することも行なっています。これこそが参加者のマネジメントです。プロジェクト期間中は常に参加者一人ひとりに対する個別のケアを忘れてはなりません。

4 組織のファシリテーター

以上のように、ファシリテーションのスキルは単に会議だけではなく、プロジェクト運営にも活かすことができるのです。さらにファシリテーションのスキルを身につけることは、レベルⅢの経営幹部として組織運営にも役立つとお伝えしました。

ファシリテーターを「経営幹部」に、会議を「組織」に、会議の合意形成を「組織目標」という言葉に置き換えてみましょう。

「経営幹部」は、「組織目標」を達成するために「組織」を運営しなければなりません。経営幹部が組織目標を達成するためにつくる道筋が戦略です。会議の場合は、時間の制約はだいたい1時間程度ですが、組織運営の場合は1年という期間設定をすることが多いでしょう。つまり、1年間という時間の制約の中で組織目標を達成しなければならないのです。

組織目標達成に向かうプロセスの中では、参加メンバーのマネジメントも必要ですが、企業経営という観点で大きく捉えると、メンバーを「各事業部」に置き換えてみるといいでしょう。

目標達成のためには、各事業部に組織の目標やゴールを伝え、積極的に経営に参加してもらうように動機づけをしなければなりません。

活気がなく雰囲気が停滞している事業部門に対しては、何か問題があるのか確認しなければなりません。自分の部のことばかりを考えているような事業部門に対しては、組織活動への参加を促し、その部の力を発揮してもらわなければなりません。組織目標を達成する過程で、感情的になって部門間同士の摩擦を起こすような部門に対しては、冷静に目標に向き合うように働きかける必要もあります。

会議では1人の参加者が集中攻撃に遭うことがありますが、組織運営においても、特定の部門が攻撃されることもあります。企業が目標を達成するために活動する過程では、特定の部門を批難したり攻撃することは組織の機能を低下させることになるため、部門間の調整をする必要があります。

また、1年間という期間の途中で、組織全体が中だるみ状態に陥ったときは、組織を活性化する工夫をする必要もあります。

このように、ファシリテーションを組織運営に置き換えて考えてみると、まさしくファシリテーターのスキルは、経営幹部に求められる能力と同じなのです。ファシリテーション・スキルを身につけることは、将来にわたっても役に立つことがおわかりいただけると思います。

著者略歴

久保田　康司（くぼた　やすし）

1965年京都府生まれ。関西大学社会学部を卒業後、関西学院大学大学院商学部商学研究科マネジメントコースを修了し、MBAを取得。現在は、神戸大学大学院経営学研究科専門職学位課程（現代経営学専攻）に在籍中。大学卒業後、鐘紡株式会社に入社。ファッション事業部に配属となり、10年間の営業経験を経てユニバーサル・スタジオ・ジャパン®の運営会社である株式会社ユー・エス・ジェイに開業メンバーとして参画。マーケティング・営業本部において、マーケティング企画室マネージャーや近畿地区統括マネージャーを歴任。その後、大手金融機関のコンサルティング会社に転職し、人材育成の仕事に携わる。2012年、同社を退職し、現在に至る。

[主な資格・加盟団体]
（財）生涯学習開発財団認定プロフェッショナルコーチ、（社）日本産業カウンセラー協会認定キャリア・コンサルタント、産業カウンセラー、NPO法人日本アクションラーニング協会認定アクションラーニングコーチ、日本MBTI協会認定MBTIユーザー、米国NLP™協会認定NLP™マスタープラクティショナー、日本交流分析協会認定1級交流分析士 、日本エニアグラム学会認定エニアグラムアドバイザー3級、DiSC認定インストラクター、日本ファシリテーション協会会員

[問合せ先]
yknet2012.com@gmail.com

ビジネスリーダーのための ファシリテーション入門

平成24年5月7日　初版発行

著　者 —— 久保田康司
発行者 —— 中島　治久

発行所 —— 同文舘出版株式会社

東京都千代田区神田神保町1-41　〒101-0051
電話　営業03（3294）1801　編集03（3294）1802
振替00100-8-42935　http://www.dobunkan.co.jp

 ISBN978-4-495-59771-9

印刷／製本：シナノ　Printed in Japan 2012